Liesl Karlstadt, mit bürgerlichem Namen Elisabeth Wellano, wurde am 12. Dezember 1892 als Bäckerstochter in München Schwabing geboren. Mit siebzehn kündigte sie ihren erlernten Beruf als Textilverkäuferin und wurde Soubrette bei einer Münchner Volkssängertruppe. Mit achtzehn lernte sie Karl Valentin kennen, der ihr komisches Talent entdeckte. Ab 1913 trat das Komikerpaar Valentin und Karlstadt zusammen in allen wichtigen Münchner Kabaretts auf. In den 1920er Jahren feierte das Duo seine größten Triumphe, Liesl Karlstadt bevorzugt in Hosenrollen wie dem »Firmling«, dem »Kapellmeister« oder dem »Trommelbua«. Gastspielreisen führten nach Zürich, Wien und Berlin; dazu kamen immer wieder gemeinsame Schallplattenaufnahmen und Filme. 1930 stand Liesl Karlstadt zum ersten Mal ohne Karl Valentin als Schauspielerin auf der Bühne der Münchner Kammerspiele. Auf einen Selbstmordversuch 1935 folgten mehrere Klinikaufenthalte, immer wieder unterbrochen von Auftritten, Filmen und Plattenaufnahmen. Nach dem Tod Karl Valentins am 9. Februar 1948 bewältigte sie eine zweite erfolgreiche Karriere als Volksschauspielerin auf der Bühne und im Hörfunk als populäre »Frau Brandl«. Liesl Karlstadt starb am 27. Juli 1960.

edition monacensia
Herausgeber: Monacensia
Literaturarchiv und Bibliothek
Dr. Elisabeth Tworek

Die *edition monacensia* präsentiert ausgewählte Werke renommierter Münchner AutorInnen des 20. Jahrhunderts, deren literarische Arbeiten von der Monacensia – Literaturarchiv und Bibliothek betreut werden. Neben Neuausgaben vielgesuchter Bücher erscheinen Ersteditionen aus den Beständen der Monacensia, die von kompetenten Herausgebern eingeleitet werden.

Liesl Karlstadt
Nebenbeschäftigung: Komikerin
Texte und Briefe

Textauswahl und Nachwort von Monika Dimpfl

edition monacensia
im
Allitera Verlag

Der Allitera Verlag ist ein BoD™-Verlag der Buch & medi@ GmbH, München. Dieser Verlag publiziert ausschließlich Books on Demand in Zusammenarbeit mit der Books on Demand GmbH, Norderstedt, und dem Hamburger Buchgrossisten Libri. Die Bücher werden elektronisch gespeichert und auf Bestellung gedruckt, deshalb sind sie nie vergriffen. Books on Demand sind über den klassischen Buchhandel und Internet-Buchhandlungen zu beziehen.

Weitere Informationen über den Verlag und sein Programm unter: www.allitera.de

Die Deutsche Bibliothek – CIP-Einheitsaufnahme
Ein Titeldatensatz für diese Publikation
ist bei Der Deutschen Bibliothek erhältlich.

September 2002
Allitera Verlag
Ein BoD™-Verlag der Buch & medi@ GmbH, München
© 2002 Landeshauptstadt München/Kulturreferat
Münchner Stadtbibliothek
Monacensia Literaturarchiv und Bibliothek
Leitung: Dr. Elisabeth Tworek
und Buch & medi@ GmbH, München
Redaktion: Ruth Knoll
Der Abdruck der im Anhang genannten Texte erfolgt
mit freundlicher Genehmigung der Verlage
Umschlaggestaltung: Kay Fretwurst unter Verwendung
einer Karikatur von Rolf Peter Bauer
Herstellung: Books on Demand GmbH, Norderstedt
Printed in Germany · ISBN 3-935877-50-1

Inhalt

Aufsatzheft für Elsa Wellano (Liesl Karlstadt)

Das Frohnleichnamsfest in Riedering 9
Ein Besuch der Wallfahrtskirche in Neukirchen 11
Ein Ausflug nach Rosenheim! 13
Der Sommer 14
Mein Landaufenthalt! 15

Selbsterlebtes

Müller und sein Kind 19
Unser Agent 21
Wo hans'n? 22
Wie »Der Firmling« entstand 24
»An Bord« 25

Karl Valentin und ich

Karl Valentin und ich 29
Valentin und ich 31
Stürmische Bodenseefahrt 33
Die Biomalzbüchse 36
Im Radio 38
Karl Valentin, das Münchner Original 39
Zur Einweihung des Valentin-Brunnens am 18. Oktober 1953 42
Mein ewiger Partner Karl Valentin 43

Monologe und Dialoge

Die deutsche Laugenbretzel 47
Verein »Die Katzenfreunde« 48
Geschäfts-Heirat 50
Beim Augenarzt 52
Die Frau Wirlberger 54
Ja ja die Liebe! 60
Warum, weshalb, wieso? 66

Ich und ...

Alte Münchnerinnen 75
Das alte Sendlinger Kirchlein 77

Münchner Porträts. Liesl Karlstadt als »Kameliendame« 78
Sorgen am Krankenbett 80
Karlstadt Liesl
   am 12. Dezember geboren ... als Elisabeth Wellano! 82
Ich und der Film 83
Liesl Karlstadt auf der Auerdult 85
»Verehrte AZ! ...« 86

Briefe, Postkarten, Gedichte

Weihnachtsgedicht für Karl Valentin (24. Dezember 1918) 89
An Familie Ebenböck (26. Dezember 1929) 90
Geburtstagsgedicht für Karl Valentin (4. Juni 1932) 91
Namenstagsgedicht für die Frau Oberin
   [vermutlich zwischen April und Dezember 1935] 93
An Gisela Fey (7. Dezember 1935) 95
An Karl Valentin (1. Juni 1936) 96
An Karl Valentin (20. Oktober 1936) 97
An Karl Valentin (28. Oktober 1936) 98
An Karl Valentin (29. Oktober 1936) 99
An Karl Valentin (7. November 1936) 100
An Karl Valentin [vermutlich November 1936] 101
An Karl Valentin (16. November 1936) 102
An Karl Valentin (11. Januar 1937) 103
An Karl Valentin (13. Juli 1937) 104
An Karl Valentin (16. Juli 1937) 105
An Karl Valentin (4. Juni 1942) 106
An Joseph Rankl (23. Februar 1947) 107
An Joseph Rankl (16. Juni 1948) 108
An Joseph Rankl (18. August 1948) 110
An Joseph Rankl und Frau (6. September 1948) 111
An Frau Seidl (11. September 1951) 113
An Joseph Rankl (14. Oktober 1951) 114
An Joseph Rankl (25. August 1952) 115
An Joseph Rankl und Frau (8. August 1954) 116
 An Amalie Wellano (13. Mai 1956) 118
An Sigi Sommer (September 1956) 119
An Erika Mann (26. Juli 1960) 120

Vom Fräulein Liserl zur Frau Brandl
   Nachwort von Monika Dimpfl 123
Textnachweise 132

Aufsatzheft für Elsa Wellano
(Liesl Karlstadt)

Riedering, den 8. Juli 1906

DAS FROHNLEICHNAMSFEST IN RIEDERING

Frohnleichnam ist vor der Türe. Am Vorabende werden noch Kränze aus Tannen-, u. Fichtenzweigen gebunden, um die Häuser damit zu schmücken. Um 4 Uhr Früh wurden 6 Böllerschüsse abgegeben, um den feierlichen Tag zu ehren. Ein heiliger Odem wehte am kühlen Frohnleichnamsmorgen; ein leises Säuseln der Bäume, ein feierliches Glockengeläute, durch keinen anderen Laut unterbrochen, war hörbar. In der Kirche ist das Hochamt; um 8 ¼ Uhr zieht die ganze Gemeinde, von heiliger Ehrfurcht durchdrungen, aus der Kirche. Der Zug bewegte sich der Straße entlang, dann am Feld vorbei u. wieder zurück in die Kirche. 4 Altäre waren aufgeschlagen, welche prachtvoll geziert waren. An diesen 4 Altären wurden die 4 Evangelien nach Matthäus, Markus, Lukas u. Johannes gesungen, wobei der Chor in vierstimmigen Sätzen antwortete. Nach dem Segen an jedem einzelnen Altare setzte sich die ganze Prozession wieder in Bewegung zum nächsten Altare u. schließlich zur Kirche. Dort wurde nach der Prozession eine feierliche Vesper gesungen, hernach mit dem Allerheiligsten der Segen gegeben, u. somit war die zehnstündige Anbetung des Allerheiligsten beendet (Das war am Frohnleichnams*sonntag*!) [Korrektur]). An der Prozession beteiligten sich: An der Spitze wurde ein Kreuz getragen. Diesem folgte die Schuljugend mit dem Christkind unter Aufsicht der Fräulein Lehrerin. Hieran reihten sich die Jungfrauen der Gemeinde Riedering von denen zweimal je 4 die Statue der unbefleckten Empfängnis auf einer Tragbahre trugen. Danach folgten die Jungfrauen von Neukirchen von denen 8 abwechselnd je 4 die Statue der Hl. Notburga trugen. Dann folgten die übrigen Jungfrauen, vor dem Allerheiligsten die Männer (Consultoren der Bruderschaft mit brennenden Kerzen [Korrektur]) u. nach demselben die Frauen der Pfarrei. Die Frauen-, sowie die Männerwelt, beteten unterwegs den Rosenkranz. Vor jeder dieser vorhergenannten Gruppen wurde eine Fahne vorausgetragen. Auch der Feuerwehr- u. Veteranenverein Riedering-Neukirchen beteiligten sich an der Prozession.

Mein ganzes Leben lang wird mir dieser herrliche Tag, den ich in Riedering da erlebt, in Erinnerung bleiben.

Am Frohnleichnamsfest selbst war die Prozession vormittags, am Sonntage darauf dem Hauptfeste der Corpus Christi-Bruderschaft aber erst nachmittags. –

Ein Besuch der Wallfahrtskirche in Neukirchen

Gestern Samstag durfte ich mit dem Herrn Pfarrer u. der Fräulein Köchin die bekannte Wallfahrtskirche in Neukirchen besuchen. In früher Morgenstunde brachen wir schon auf, um rechtzeitig zum Gottesdienst zu kommen. Kaum waren wir einige Schritte außerhalb Riedering, als man überall Wiesen u. Felder erblickte, wo eifrige Arbeiter mit Mähen beschäftigt waren. Nun führte der Weg durch einen Wald. Am Eingange desselben grüßte vom Stamme des ersten Baumes ein sogenanntes Feldkreuz mit der Inschrift: »Herr erbarme dich unser!« herab. Einige male, wurde unter den schattigen Bäumen Rast gemacht. Der Herr Pfarrer bediente sich des Feldstechers, den ich trug, die Köchin aber u. ich, setzten uns auf den, mit grünem Teppich überzogenem Waldboden. Wir traten aus dem Wald auf einen Bergrücken. Vor uns erstreckte sich ein großes Klee- u. Haberfeld u. weiterhin erblickten wir ein freundliches Dorf. Oben angelangt taucht vor unseren Augen der Simsee auf. Wir kamen immer näher, weshalb er uns immer größer u. deutlicher erschien. Endlich kamen wir an die Kirche. Das Haus, das sich an die Friedhofmauer reiht, in welchem der Meßner wohnt, haben wir betreten. Unser Gepäck legten wir ab, u. nachdem wir, eine Weile geruht hatten, gingen wir in die Kirche. Unser Hund wärmte sich unterdessen in der Stube des Meßners, indem er sich auf die Bank, welche den Ofen einschließt, legte. Herr Pfarrer hielt das I. Amt; Herr Lehrer v. Riedering stimmte nebst vielen anderen hl. Gesängen, das schöne Marienlied: »Ein Bild ist mir in's Herz gegraben!« an. Unter feierlichem Orgelspiel u. vielen heiligen Zeremonien schloß sich das Amt, worauf wir die Kirche verließen. Wundervoll war diese geschmückt; die Wände waren mit lauter Votivtafeln behangen. Vom Hochaltar grüßt auf die Christenschar herab, die Mutter Gottes mit dem l. Jesuskinde, zu welcher schon Tausende, vom Unglück Heimgesuchte, Schicksalbetroffene u. Arme ihre Zuflucht nahmen, um ihre Hilfe zu erbitten, welche auch in den meisten Fällen nicht ausblieb, wie die vorhergenannten Tafeln beweisen. Wir traten aus der Kirche; da regnete es, infolge eines sich entladenden Gewitters, vom Himmel herunter, was es konnte. Herr Pfarrer trank beim Meßner Kaffee, die Köchin u. ich heiße

Milch. Nun hatten wir vollends zu tun, daß wir heimkamen. Dieses Wetter hatte nun unsern heitern Mut ganz u. gar verdorben. Doch aber wird mir der Besuch dieser feierlichen Andacht, genau wie die Frohnleichnamsprozession in steter Erinnerung bleiben.

Ein Ausflug nach Rosenheim!

Es war ein warmer Julimorgen. Um ½ 8 Uhr schickte ich mich mit unserer Hausmagd an, zu Fuß den Weg nach Rosenheim zurückzulegen. Munter erzählend [korrigiert: plaudernd] schritten wir dahin; über Eitzing, Stephanskirchen, Schloßberg u. s. w. Plötzlich vernahm man ein Rauschen u. Reißen [ergänzt: des Wassers] wobei man eine Brücke, die Innbrücke erblickte. Der mächtige Strom eilt [korrigiert: nach Nordosten gegen Wasserburg] in raschem Laufe seiner Mündung zu. Wenige Minuten hernach führte unser Weg über die Mangfallbrücke. Wir waren nun in Rosenheim angekommen, wo wir für Hochwürden Herrn Pfarrer verschiedene Gänge besorgen mußten. Wir gingen auf das Rentamt, die Kreditbank u. machten hernach viele Einkäufe. Nun ließen wir uns bei einer alten Frau Kaffee kochen. Unter dieser Zeit besichtigten wir den Friedhof, das Leichenhaus u. die wundervolle Kapuzinerkirche. Die Wände derselben waren prachtvoll [mit Bildern] geschmückt, mit vielen Malereien geziert u. prachtvoll mit Bildern behangen. Ein aus Metall getriebener Hochaltar welcher fein vergoldet war, zog den Blick jedes Kirchenbesuchers an sich. Über dem Altare reihten sich Statue an Statue heiliger Ordensmänner, welche auch im Himmel als Sterne erster Größe unter den Heiligen glänzen. Seitwärts schloß sich eine Kapelle an, deren Wände mit vielen Votivtafeln behangen waren [ergänzt: Lourdescapelle]. Am Altare befand sich die Muttergottesstatue. Unter der ganzen Wanderung gefiel mir nichts so, wie diese Kirche. Um 12 Uhr traten wir den Heimweg an, um vor 2 Uhr zuhause anzulangen. Hier erzählte ich; wie mir alles gefallen hatte. Selbstverständlich sah ich einen ganz kleinen Teil Rosenheim's nur, da es die Zeit nicht besser erlaubte. Erwähnt sei noch z. B. der prächtige Gillitzerbau, der große Bahnhof u. die Bahnhofstraße. Sollte ich vielleicht das Glück haben, hier von Riedering noch einmal nach Rosenheim zu kommen, so werde ich mir auch diese Gebäude genau ansehen. Aber immerhin wird mir diese schöne u. interessante Wanderung im Gedächtnisse bleiben.

Der Sommer

Die schönste der 4 Jahreszeiten ist der Sommer. Er bietet ein Vergnügen nach dem Andern; doch besitzt er auch viele Unannehmlichkeiten. Jetzt wollen wir uns die Lichtseiten, dieser heißen Jahreszeit zuerst betrachten.

Welche Wonne ist es, wenn früh Morgens die Sonne ihre Strahlen herabschickt u. in die schläfrigen Gemüter der Menschen neue Lust u. Kraft sendet? Die Bäume grünen u. tragen Früchte; Rosen u. Veilchen verbreiten ihren wohlriechenden Duft; zwitschernde Vöglein sitzen in den Zweigen der Bäume, muntere Danklieder singend. Überall ist heiteres Tun u. Treiben bemerkbar. Alles eilt hinaus in die freie Natur, um der Sommerfreuden teilhaftig zu werden. Die Leute in der Stadt suchen Verwandte u. bekannte Leute auf dem Lande auf, bei welchen sie den Sommer durch, Wohnung nehmen. Wie atmen sie auf, wenn sie aus der nebeligen, staubigen Stadt herauskommen, u. die freie Landluft genießen können? Aber bald werden sie andere Gesichter machen, wenn der Landmann mit dem Odlfaß auf dem Wagen vorbeifährt, wenn die Mucken u. Stautzen kommen, u. ihnen überall Stiche versetzen; wenn sie beim Spaziergange schwitzen müssen, daß sie vor Müde nicht mehr weiter kommen. Da wird die Jahreszeit mit ihren Freuden, den Sommerfrischlern zur Last. Auch ist es nicht immer angenehm, wenn man sich weit von zuhause entfernt, die Wunder der Natur zu betrachten; plötzlich färbt sich der Himmel, schwarze Wolken ziehen herauf u. verdecken die glühende Sonne. Es erhebt sich ein mächtiger Wind, u. im nächsten Augenblicke fallen schon schwere Tropfen. Es donnert u. feurige Blitze fahren am Himmel hin u. her. [Ergänzt: Schwerer Regen fällt und] Tropfnaß kommt man dann heim; also auch hier verwandelt sich die Sommerlust in Leid. Doch die Freuden u. Vergnügungen des Sommers sind weit mehr als die Schattenseiten desselben. Der Sommereinzug wird doch immer mit einem Freudengeschrei empfangen.

Mein Landaufenthalt!

Dank der unermüdlichen Sorge meines (Fräulein) Lehrerin durfte ich schon frühzeitig die Ferien antreten u. auf das Land. Welch' große Freude war es, als ich am 11. Juni auf den Bahnhof durfte? Um 10 Uhr ging es dahin. Das Dampfroß trug mich durch Wiesen, Felder u. an vielen Bahnstationen vorbei. In Rosenheim angekommen, konnte ich kaum mehr die nächste Station, Stephanskirchen, erwarten. Der Zug hielt an. Ich stieg aus, u. schon stand das Frl. Köchin am Perron, um mich abzuholen. Der Weg führte nun an lauter Wiesen u. Wälder vorbei. Kaum waren wir ¼ Stunde lang gegangen, als ich schon die hochgelegene Kirche von Riedering erblickte. Aber immerhin hatten wir noch ½ Stunde Weges zurückzulegen. Es war sehr schwer weiter zu kommen, da durch das fortwährende Regnen der ungepflasterte Boden, einem Sumpfe gleich, aufgeweicht wurde. Den ganzen Weg entlang, hatte ich eine wunderbare Aussicht auf die Berge. In Riedering angekommen, wurde ich vom Hochwürden Herr Pfarrer liebreichst aufgenommen. Nachdem mir die gute Köchin mein Zimmer angewiesen hatte, brachte sie mir einen Teller voll Wurstwaren, ein Stück Butter u. ein Glas Milch. Es wurde Abend. Nach dem Gebetläuten begab ich mich zur Ruhe. Die ganze Nacht schlief ich, ohne einmal wach zu werden. Um 6 Uhr stand ich auf, trank heiße Milch u. ging um 7 Uhr in die Kirche, was ich alle Tage tue. Alle Sonn- und Feiertage gehe ich in das Frühamt, den Haupt- u. Nachmittagsgottesdienst, die Christenlehre u. in die Feiertagschule. Ist es schön Wetter an Werktagen so helfe ich Nachmittag bei der Gartenarbeit, oder ich erhalte vom Hochwürden Herrn Pfarrer die Erlaubnis bei der Feldarbeit, beim sog. »Heuen« mitzuhelfen, was mich sehr freut. Vormittag bin ich immer in der Küche beschäftigt. So vergeht Tag für Tag; u. nur zu bald wird es heißen: »den Heimweg antreten!« Lange noch wird mir die Gutherzigkeit u. Mildtätigkeit des Herrn Pfarrer eingedenk bleiben, u. werde Gott bitten, daß er ihm diese Wohltat reichlich vergelten werde, da es in meinen Kräften nicht steht!

Vergelt's Gott!
Ihnen!

Selbsterlebtes

Müller und sein Kind

Wir spielten in einem kleinen Wirtshaus draussen in der Vorstadt. Unser Publikum bestand aus gemütlichen Bürgersleuten, Soldaten, wir selbst waren eine Münchner Volkssängergesellschaft, bestehend aus 2 Damen und 4 Herren. Auch eine Direktion hatten wir. Unser Herr Direktor war ein ungünstig aussehender Mann mit Hasenscharte am Munde, der nur einmal im Monat ausgehen durfte – von seiner gestrengen Gattin aus – und das ward ihm immer zum grössten Vergnügen, diesen Ausgang nützte er so reichlich aus, dass er jedesmal am frühen Morgen erst, total besoffen nach Hause kam. Er verjubelte eben das Geld, was er unter der Zeit verdiente. Und wiederum seine Gattin sparte dafür wochenlang, um das versoffene Geld wieder einzubringen. Und gerade deshalb war unsere Frau Direktor eine bis an äusserste Sparsamkeit grenzende Person, die jeden Pfennig mit eiserner Energie zusammenhielt.

Da wars im November, als auf dem Spielprogramm »Müller und sein Kind« stand. Das schöne, alte Allerheiligenstück von Ernst Raupach. Und da wir täglich in einem anderen Lokal spielten, sogenannt »ambulant« umherzogen, wurden unsere Requisiten und Kostüme von einem eigens dazu engagierten alten Dienstmann von einem Lokal ins andere gefahren.

Beim »Müller und sein Kind« war ein Hauptrequisit vorhanden und zwar eine ausgestopfte Eule, die der Direktion ein Stück Geld gekostet hat und deshalb von der Frau Direktor nicht wie andere, weniger wertvolle Sachen in die Körbe verpackt wurde, sondern mit grösster Liebe und Sorgfalt persönlich nach der Vorstellung heimgetragen und wieder am andern Tage ins nächste Lokal gebracht wurde. Und dabei sparte sie Strassenbahngeld und ging die weitesten Wege zu Fuss. Als tüchtige Hausfrau arbeitete sie den ganzen Tag über im Hause und hetzte in letzter Minute zur Abendvorstellung. Und diesmal lief sie von einem Ende der Stadt über die grosse Theresienwiese bis zum anderen. Da trug sie vorsichtig verpackt in Zeitungspapier die Nachteule unterm Arm und drückte sie dabei liebevoll an ihre Brust. Aber sie hatte grosse Eile.

Wir sassen im Lokal, da kam sie atemlos an, begrüsste uns und – oh welch ein Schreck – unterm Arm befand sich nur mehr die leere Zeitungshülle, denn die Nachteule hatte sie verloren. Sie lief auf die Strasse und frug alle Leute – bitte haben sie nicht einen Vogel gesehen? – worauf ihr jedermann ein mitleidiges Lächeln entgegenbrachte und kam schweisstriefend ohne »Nachteule« zurück. Die Vorstellung musste gleich beginnen und ohne Nachteule ging es einfach nicht. Da war guter Rat teuer. Aber es leuchtete ein rettendes Lichtlein auf und zwar in Gestalt des Wirtes, der ein leidenschaftlicher Vogelsammler war. Im Gastlokal hatte er nämlich an einer Längswand ausgestopfte Kanarienvögel aller Art zur Schau gestellt. Und davon lieh er uns einen hübschen gelben Vogel, um die Vorstellung zu retten. Und als nun unser guter ahnungsloser Direktor als alter Müller den Müllerburschen empfing, der auf die Bühne mit den Worten kam: Hier Meister, habe ich Euch den Totenvogel vom Dache geschossen, bemerkte er zu seinem Entsetzen, dass derselbe ihm statt der Nachteule einen kleinen gelben Kanarienvogel, der auf ein schönes viereckiges Brett genagelt war, überreichte. Aber auch das zahlreich anwesende Publikum bemerkte es und brach in dem ernsten Stücke in ein schallendes Gelächter aus.

Statt »Müller und sein Kind« kreierten wir diesen Abend vor dem ohrenschmausbedürftigen Publikum »Müller und sein ausgestopfter Kanarienvoge« (samt Brett).

Unser Agent

Wir hatten im Hotel Germania, das im Restaurant einen Kabarettbetrieb innehatte, ein sehr unterhaltendes Programm. Das wurde jeweils zusammengestellt von einem Künstleragenten. Dieser Agent war alt und fett wie ein Schweineschlächter, er fuhr von Stadt zu Stadt, um sich die verschiedenen Nummern anzusehen, war aber stets betrunken und seine Haupttätigkeit war schlafen. An einem Sonntag Abend war er wieder einmal bei uns angemeldet, er musste sich die neu engagierte Tänzerin ansehen, um dieselbe weiterhin zu managen. Das Programm nahm seinen üblichen Verlauf, die Tänzerin guckte aufgeregt durch den Vorhang, denn ihre Nummer sollte gleich steigen und der Agent war immer noch nicht anwesend. Da, in letzter Minute schnaufte er zur Türe herein, soeben vom Frankfurter Zug kommend. Oben auf der erhöhten Weinterrasse nahm er Platz, die Musik spielte eine Zwischenpiece, dann ging der Vorhang auf und die junge hübsche Tänzerin tanzte noch einmal so gut wie sonst, denn sie wusste doch, dass die fachmännischen Augen des Agenten auf ihr Können gerichtet waren. Aber je mehr sich die Tänzerin auf der Bühne bemühte, desto – – tiefer verfiel der auf seinem gemütlichen Stuhle sitzende Agent in seinen Schlaf und wiegte sich in Morpheus Armen. Und als die Tänzerin ihren letzten Tanz hinter sich hatte und vom Publikum mit Applaus überschüttet wurde, da donnerte das Klatschen an die Ohren des Agenten und er schreckte aus seinem Schlafe – und zwar dermassen, dass er mit dem Stuhle von der erhöhten Weinterrasse herabfiel und auf den Boden plumpste. Sein erstes Wort nach überstandenem Schrecken war –: wann tritt die Tänzerin auf –? Schon vorbei, sagte der Ober – O du heilige Zeit, rief er aus und wegen dieser Nummer bin ich eigens mit der Bahn hierher gefahren – und nun habe ich sie verschlafen –

Von da ab wurde er von uns getauft: »*Der Schlafwagenagent*«.

Wo hans'n?

Neben der Andechser Kirche steht ein Wirtshaus, also seelische und körperliche Erfrischung nebeneinander. Dort in dem Wirtschaftsgarten auf hölzernen Bänken und Tischen sassen mindestens 4 Klassen Bauernschulkinder, aus den nahen Dörfern zusammengekuppelt, mit einem Herrn Schullehrer. Von einem Platz aus, wo wir nicht gesehen werden konnten, aber wir alles übersahen, was sich dort abspielte, hatten wir Gelegenheit die einzelnen Bauernkinder genau zu studieren. Es war köstlich.

Sonst war in der Klosterbrauerei die Bedienung durch Mönche gestellt, heute war Selbstbedienung die Parole. An der Schenke hantierte ein dicker Mönch. Wie nun die Kinder alle zur und von der Schenke kamen, jeder zeigte ein anderes Gesicht, teils mit, teils ohne Rotzglockengehänge.

Die Bauernmädchen (Mollen) mit haarölgeglätteten Monalisafrisuren, die Bauernbuben mit Ohrringen wegen den Rinnaugen und alle hatten Stiefel an, genagelt und beschlagen wie ein Bräuross und so trabten sie durch die Veranda. Und wie sie ihre Massßkrüge lle hielten – krampfhaft umfasst – ein Kleiner konnte es nicht erwarten und steckte seinen Finger in den weissen Schaum, um ihn abzulecken. Dann polterte einer mit einer geöffneten Limonadenflasche so, dass der kühle Trunk bei jedem Schritte herausspritzte. Ein winzig Kleiner schlürfte ständig an seiner Rotzglocke, die eine bedrohliche Länge angenommen hatte und jeden Augenblick in den Masskrug hineinzutauchen schien. Ein nach Schmalz duftendes schüchternes Mädchen mit niedergeschlagenen Augen trug ihre Limonade, als ob sie zur heiligen Kommunionbank schreiten würde. Dann hüpfte wiederum eine zweite vor Übermut auf einem Bein – in hocherhobener Hand ihren Masskrug schwingend. Es schien kein Ende zu nehmen, denn da schlich eine ängstliche, die beinahe hingestolpert wäre, während ein grosser frecher Bub, statt sie zu bedauern, ihr noch einen Tritt auf das Hinterquartier gab. Zwei ganz kleine trugen ihre »erlaubte« Halbe im Masskrug zu zweit und rochen ganz verklärt an dem schäumenden Inhalt, indem sie ihre Köpfe zusammensteckten, tief hineinschauten und dann strahlend weiter gingen.

Draussen im Garten durften sie sich alle an die Tische setzen und dann ging's auspacken los. Fast alle hatten ein rotes Schnupftüchl dabei und lösten emsig die Knoten: Also, was da alles zum Vorschein kam – – grosse Butterbrote, die nur mit 2 Händen zum halten sind, Kirchweihkrapfen, Auszogne, Bauernbrot und Bauerngselchtes. Und wie sie alle in die guten fetten Dinge hineinbissen, das war ein Erlebnis – Finger und Gesicht glänzten vor Speck, Schmalz und Butter.

Und in dieser gefrässigen Mitte sass einer – ohne Bier und Limonade, ohne Speck und Butterbrot, blass und abgehärmt, es war der »Herr Lehrer«. Er sah von einer höheren geistigen Warte auf die kleinen »Fressäcke« herunter, gewiss mit Gönnerblick – aber er hat mir furchtbar leid getan. Nach dem »Festessen« durften die Kinder die Aussicht bewundern, indem ihnen ihr Lehrer jeden Hügel und jeden Flecken mit Namen sagte.

Ich verliess Andechs und war im Bergabgehen immer noch in Gedanken bei dem vielgeplagten Lehrer mit seinen Kindern. Schnelle Schritte und ein mordsmässiges Schnaufen rüttelten mich aus meinen Träumereien. Ein Bauernbub, dem der Schweiss übers erhitzte Gesicht lief, mit einem zusammen geknoteten roten Taschentuch in der Hand, keuchte an mir vorüber: »Wo hans'n?« schrie er mich atemlos an. »Drobn sans no am Berg«, erklärte ich dem Dahineilenden, denn ich wusste doch zufällig sehr genau – wen – er mit dem »Wo hans'n« meinte.

Wie »Der Firmling« entstand

In den Frühlingstagen des Inflationsjahres 1922 mußte ich einmal in einem Zigarrenladen in der Reichenbachstraße ziemlich lange warten. Ich kam gerade dazu, wie der alte Inhaber des Lädchens einem Kunden eine endlose Geschichte erzählte. Erst fand ich sie schrecklich langweilig, aber bald wurde ich immer aufmerksamer, dann mußte ich schmunzeln und zuguterletzt hell heraus lachen, so urkomisch war, was ich da zu hören bekam.

Der Zigarrenhändler hatte einen Firmling und wußte nicht, woher er einen Firmungsanzug für ihn bekommen sollte. Zu einem neuen langte es nicht, denn dazu war auch schon bei der Kommunion das Geld zu knapp gewesen. Zufällig bekam der Erzähler von einem Jugendfreund, der ihn noch daliegen hatte, einen Firmungsanzug von dessen Sohn angeboten. Und nun kam das Außerordentliche: »Paßt hat er!« schrie der Firmpate ein über das anderemal und er fing seine Geschichte immer wieder von vorne an, um dieses triumphierende »Paßt hat er!« zum zweiten und zum dritten Male hinausschmettern zu können. Zum Schluß liefen uns allen die Tränen über die Backen: dem Erzähler vor Rührung über seine Geschichte, uns Zuhörern aber vor Lachen.

Das war etwas für Karl Valentin! Ich rannte spornstreichs zu ihm. Er war sofort Feuer und Flamme. Und tatsächlich gelang es uns am nächsten Tage allen beiden, das kleine Zigarrengeschäft wieder zu finden und den Inhaber, der weder eine Ahnung von unserem Vorhaben hatte, noch mich wiedererkannte, zu einer ebenso schönen Wiederholung seiner Geschichte vom Firmungsanzug zu bringen, wie er sie schon einmal für mich zelebriert hatte. Karl Valentin ließ es keine Ruhe, bis ein Stück daraus geworden war: unser »Firmling«. Die Geschichte von dem Firmungsanzug darin ist ganz echt, ein Stück Münchner Wirklichkeit; alles andere aber wurde hinzugedichtet.

»An Bord«

Eines Abends, es war im Arbeitslosenjahr 1930, saß ich in einer billigen Münchner Beizn, einer kleinen Wirtschaft in der Fraunhoferstraße, und las meine Zeitung.

Wir liebten es, solche kleinen Lokale in den Winkeln Altmünchens aufzusuchen. Sie steckten nicht nur voller Geheimnisse, wie sie den großen, hellen Vergnügungsstätten im Zentrum emsig aus dem Wege gingen, sondern auch voller Anregungen für uns. Nirgends konnte man dem Volke besser aufs Maul schauen, nirgends konnte man besser studieren, mit welchem Griff ein echtes Münchner »Vorstadtgwachs« seinen Maßkrug anfaßt und wie der Herr Schreinermeister von nebenan seinen unförmigen Regenschirm abstellt und seinen altersschwachen Koks aus der Stirn schiebt, ehe er einen Zug macht.

Heute saß an einem Nebentisch ein klassischer Lucki. Freilich schien er aus Wien zu sein. Erst in der Figur des Kammerloher unseres Spieles »An Bord« avancierte er zu einem echten Giesinger.

Noch einen Tisch weiter saß der Aufschneider, der mit seinen Weltreisen prahlte, es aber so deppert anfing, daß auch der Dümmste merken mußte, wie faustdick er schwindelte. Mein Wiener Lucki mischte sich bald ins Gespräch und seine immer drohender vorgebrachte Frage, wie nacha »An Bord« auf spanisch hieße, machte die Luft zum Greifen dick. Es wurde mir zu ungemütlich, denn ich war ja schließlich allein. Ich zahlte und ging. Es war sowieso Zeit für mich, meine Garderobe aufzusuchen und mich zur Abendvorstellung fertig zu machen. Wir spielten noch das »Photoatelier«.

Karl Valentin erwartete mich schon. Er sah es mir gleich an, daß ich etwas Aufregendes erlebt hatte. Und da erzählte ich ihm brühwarm mein Erlebnis. Er war gleich gefesselt. »Des gibt a neus Stück!« rief er aus. Und fortan ließ es ihm keine Ruhe mehr, bis »An Bord« endlich stand. Die handfeste Rauferei, mit der unser »humoristisches Drama« schließt, habe ich freilich nicht mehr miterlebt. Sie ist, wie auch die Sanitäterszene, frei erfunden. –

Karl Valentin und ich

Karl Valentin und ich

Kurz nach dem ersten Weltkrieg lernte ich Karl Valentin kennen. Im Frankfurterhof in der Schillerstrasse, einem der besten Münchner Volkssängerlokale, trat er als Solist auf, während ich als junge Anfängerin in das Ensemble kam, um Komödien zu spielen und mich als Solistin auszubilden. Mein Solofach war damals jugendliche Soubrette.

So stand ich in einem grellfarbenen Flitterkostüm jeden Abend auf der Bühne und sang recht mittelmässig: »Ein Jeder ruft Hipp Hipp Hurrah, die fesche Mitzi die ist da – und Jubel schallt durch's ganze Haus, ein Jeder spendet mir Applaus!« Im Schlusscouplet sang ich die Männer im Parkett an: »Ach Du lieber süsser guter braver Mann – hast mir diese Liebesschmerzen angetan u.s.w.« und ich war stolz auf meine Leistung.

Eine Abends erklärte mir Karl Valentin in der gemeinsamen Künstlergarderobe, ich sei für eine Soubrette viel zu mager, hätte vor Allem einen zu kleinen Busen (damals musste eine Soubrette einen feschen Busen zeigen, heute tät man sagen »Bitterer Reis«) und ausserdem wäre ich viel zu brav und schüchtern, denn eine Soubrette hätte einfach kess zu sein! Aber, meinte er, ich besitze komisches Talent und er würde mir raten, mich auf's Komische zu verlegen.

Meine Verehrung für Karl Valentin schlug daraufhin in Hass um.

Später befolgte ich seinen wohlgemeinten Rat – er schenkte mir eine von ihm verfasste Parodie auf eine Soubrette – ich sang auf komisch und hatte den ersten grossen Erfolg.

Nun war unsere Freundschaft besiegelt und aus der erwuchs eine jahrzehntelange Partnerschaft.

Wir spielten den ersten von uns selbst erdachten Sketsch, der gleich zum Tagesgespräch in München wurde und im Laufe unserer Zusammenarbeit entstand eine Originalscene um die Andere.

Man holte uns ans Kabarett und ins Variete.

Da entdeckte uns Direktor Falckenberg und lud uns durch Bert Brecht ein, in den Kammerspielen zu gastieren und später folgten Gastspielreisen nach Zürich, Wien und Berlin.

Das Auftreten machte zwar Karl Valentin keine grosse Freude, er hatte immer Angst davor. Sinsheimer schrieb einmal über uns: »Das Auftreten bei Karl Valentin ist jeden Abend eine Geburt und die Liesl Karlstadt ist die Hebamme dazu.«

Sein Lieblingswunsch war und blieb *FILMEN*! Die gesamte Presse, besonders die ausländische, bezeichnete Karl Valentin immer wieder als deutschen Charlie Chaplin, was ihn sehr glücklich machte.

Da nun aber Karl Valentin als »schwierig« in der Fachwelt bekannt war, hatte wohl keiner den Mut (ausgenommen Erich Engels) mit ihm einen Grossfilm zu machen. Kurz vor seinem Tode hoffte er noch, unsere grossen abendfüllenden Stücke wie: Raubritter vor München und Brilliantfeuerwerk müssen noch verfilmt werden, um sie der Nachwelt zu erhalten ... vergeblich! Das war Karl Valentins grösster Kummer!!! Er verliess die ihm filmfeindliche Welt für immer ...

Der ehemalige Regisseur und Schauspieler Dolf Zenzen kam schon vor einem Jahr zu mir mit der Idee, aus den vorhandenen Valentin-Karlstadt-Filmen einen abendfüllenden Film herzustellen. Um damit der heutigen Generation, diese unvergesslichen Scenen wieder lebendig zu machen. Willem Holsboer, der ehemalige Intendant des Münchner Volkstheaters, griff die Idee begeistert auf und kein Geringerer wie Günther Stapenhorst hisste die Startfahne zu diesem Unternehmen.

Toi toi toi für Karl Valentins Lachkabinett.

Valentin und ich

Ich möchte gern was über meinen leibeigenen Partner schreiben, aber so einfach ist das nicht, wenn es sich um einen Valentin handelt. Literarisch und philosophisch kann ich ihn nicht beurteilen, weil mir da die dazu erforderlichen Fähigkeiten fehlen, nur als Partner, und da bin ich immer in Spannung und Aufregung, was ich machen muß, denn er ist ein großer Improvisator. Komisch ist, daß ich mit ihm immer *Männerrollen* spielen muß. Es hat mich erst Mühe gekostet, meine weibliche Eitelkeit dabei zu vergessen. Wenn ich z. B. den Kapellmeister im »Vorstadtorchester« spiele, mit Spitzbart und ausgestopftem Bauch, da nehmen viele, die mich in Wirklichkeit nicht kennen, an, ich wöge zwei Zentner und sei 60 Jahre alt. Ich kann aber mit gutem Gewissen versichern, daß beides nur zur Hälfte wahr ist! Mit Valentin arbeite ich nun 15 Jahre zusammen, wir verfassen unsere Stücke selbst, indem wir in die Probe gehen, bewaffnet mit Bleistift und einem Stück Papier. Da sprechen wir von verschiedenen vorhandenen Ideen, das heißt: Ich stelle Fragen, und er beantwortet sie mir! Alles, was er mir da sagt, schreibe ich sofort auf. Prof. Wiesenthal in Wien riet mir, den Bleistift immer bei mir zu haben, um improvisierte Witze Valentins sofort notieren zu können. Kurz darauf traf er uns im Kaffeehaus. Ich hatte gerade Bleistift und Papier vor mir liegen. »Nun, was ist los mit euch, ihr sitzt ja so still da?« fragte er mich. »Heute habe ich Bleistift und Papier bei mir, da macht er keinen Witz!« antwortete ich, und so war es auch wirklich.

Obgleich ich, als Mann verkleidet, bestimmt nicht verführerisch aussehe, ist es mir wahrscheinlich wegen der großen Entfernung der Bühne vom Zuschauerraum schon passiert, daß sich Frauen in mich verliebt und mir als Mann Briefe geschrieben haben. So passierte es mir einmal, daß eine Angestellte des Büffets des Theaters, in dem wir auftraten, mir jeden Tag Liebesbriefe schrieb. Einmal sprach sie mich an, da war ich schon in Hosen und geschminkt. Sie hielt mich wirklich für einen Mann und bat mich um ein Rendezvous. Als ich wieder als Frau aus dem Theater ging, kam sie mir zufällig abermals entgegen. »Ich habe gerade Ihren Bruder gesprochen«, sagte sie zu mir. »Der sieht Ihnen kolossal ähnlich. Nicht wahr, Sie sind die Schwester? Bitte, sagen Sie ihm, er solle morgen bestimmt zum Rendezvous kommen, ich hätte großes Interesse für ihn!«

Ich habe es ihm nicht ausgerichtet ...

Stürmische Bodenseefahrt

Wenn ich so zurückdenk an den Frühling 1923, dann fallt mir dazu immer ein Reiseerlebnis ein. Jedes Jahr um die Zeit hat der Karl Valentin mit seinem feststehenden Messer in den Isaranlagen die ersten Büschl Löwenzahn oder Arnika samt Wurzeln aus der Erde herausg'schnitten und hat's dann daheim ins Blumenkistl eing'setzt. Und wenn er dann seh'n hat können, wie die Knospen aufgangen sind, und immer wieder ein neues gelbes Blümerl zum Vorschein kommen ist, dann hat er zufrieden vor sich hing'murmelt: »Ich könnt' mir ja schönere Blumen kaufen, aber dö g'freun mi' besser«.

Überhaupt: Auf den Frühling hat er sich schon deswegen alle Jahr' g'freut, weil halt der nasskalte Stadtwinter endlich wieder vorüber war, der ihn monatelang mit kalte Füss so plagt hat. Dagegen hat ihm auch kein Doktor recht helfen können, und nur wenn's draussen wärmer worden ist, waren seine Spaziergänge im Isartal das beste Mittel gegen kalte Füss' und sein Asthmaleiden. Im Frühjahr 1923 hat ihn aber nicht einmal 's Spazier'ngeh'n an der Isar so richtig g'freut und das ist auch kein Wunder g'wesen. Wir war'n ja mitten in der Inflation drin! Für unser tägliches Auftreten im Germaniabrettl in der Schwanthalerstrasse haben wir nach 14 Spieltagen für unsere Gage grad noch 10 Zigaretten oder vier Semmeln kaufen können. Jeder Artist war damals froh, wenn ihn ein Vertragsabschluss auf vier Wochen in die Schweiz verpflichtet hat, denn dort hast für die soliden stabilen Fränkli wenigstens eine richtige Brotzeit kriegt und die g'hört schon auch zu einem Frühlingsspaziergang. Auf Karl Valentin haben aber die Schweizer Franken gar keinen Eindruck g'macht und zwar aus dem Grund, weil man halt in die Schweiz nicht mit der Strassenbahn hat hinfahren können.

Auf jeden Fall ist von der Züricher Bonbonniere ein äusserst verlockendes Angebot dagelegen und ich hab' wochenlang meine ganze Überredungskunst aufbieten müssen, bis der Valentin den schönen Schweizer Vertrag mit zitternder Hand endlich unterschrieben hat. Aufgeführt hat er sich, als ob er sein eigenes Todesurteil unterzeichnet hätt'. Sogar die gelben Blümerl im Kistl haben ihn nicht mehr g'freut! Für die Reise nach Zürich hab' ich dann meine gesamten

Ersparnisse abheben müssen und die haben grad noch ausgereicht für die Fahrkarten. Wie dann der Zug mit uns aus dem Hauptbahnhof durch die Hackerbrücke hinausgefahren ist, war der Karl Valentin beinah' lebensmüd': »Ich versteh' di' net«, hat er immer wieder zu mir g'sagt, »wie kannst mir denn so was antun, wo ich doch 's Bahnfahr'n so fürcht, muss i' jetzt bis in die Schweiz!« Natürlich hab' ich versucht, ihn auf die sonnige Frühlingslandschaft aufmerksam zu machen und hab' ihn von seinen trüben Gedanken möglichst abgelenkt, damit ihm die verhasste Bahnfahrt erträglicher wird. Doch kurz vor Lindau hat auf einmal das Wetter umg'schlagen, die Sonn' ist verblasst und schwere schwarze Wolken sind am Horizont heraufgezogen – immer mehr – und auf einmal war's stockfinster – mitten am Tag! Wie wir dann in Lindau aussteigen und den Bahnhof verlassen, setzt ein gewaltiger Gewittersturm mit Regenschauern ein. Nur mit grösster Müh' haben wir uns am Landungssteg vorwärtsbewegen können und der Valentin hat sich fest bei mir eing'henkt und mit der anderen Hand das Stegg'länder nicht mehr auslassen. Mit letzter Kraft hab' ich ihn dann doch auf das Schiff bugsiert und es hat auch ziemlich lang gedauert, das Fahrzeug bei dem schweren Sturm aus dem Hafen zu steuern; aber bis sich der Valentin einigermassen hat zurechtfinden können, sind wir schon auf dem Bodensee geschaukelt. Am Schiff haben wir dann den Schauspieler Scharwenka getroffen und der hat uns dann noch zu allem Überfluss erklärt, dass er schon siebenmal den grossen Ozean überquert hat, aber so wild und gefährlich wie heut' der Bodensee, wär' ihm noch keine Überseefahrt vorgekommen.

Dieser Vergleich war auch gar nicht übertrieben, meterhohe Wellen sind über das schöne weisse Schiff weg und uns Passagiere hat's nur so hin und her geschleudert! Der Valentin ist am Gang gekniet und ein Matrose hat mir den freundlichen Rat gegeben, den armen Mann doch in den Rauchsalon zu bringen, dort wär's etwas ruhiger. Ich hab' ihn in den Rauchsalon gezogen und ihn dort in einen Klubsessel verstaut und dann sag' ich zu ihm: »So. Jetzt bleibst ruhig sitzen, ich bring dir a Bier und komm gleich wieder«.

Aber das Bierholen war nicht ganz einfach. Vom Buffet und von den Tischen sind Teller und Gläser nur so g'flogen, kracht und klirrt hat's, dass man kaum noch vom Sturm was g'hört hat. Aber ich hab' eine Flaschen Bier schliesslich doch noch erobert und war damit hoffnungsfroh auf dem Rückweg. Handtaschen, Bierflaschl und Glasl in den Händen, so hab' ich mich bis zum Rauchsalon schwankend durchg'schleusst, dabei bin ich mehr g'stolpert als gangen –

(und wenn ich mich am Schluss zu lauter Fünfmarkstückln dafall'n hätt', wär's kein Wunder g'wesen.) Wie ich endlich am Ziel bin, sitzt der Karl Valentin am Boden neben dem Klubsessel, totenblass, in letzter Verzweiflung und meint: »Das Wetter is' ja nur komma, weil ich fahr'!« Zum Trost hab' ich ihm gleich das Bierflaschl in die Hand drücken woll'n, was aber gar nicht so einfach war, denn kaum war ich in seiner Näh', haut eine Well'n vorn den Schiffbug in die Höh' und mich hat's nach hinten an die Salonwand hindraht. Und wie der Valentin aufsteh'n will um mir zu helfen, da kommt die Gegenbewegung, dass man richtig hat sagen können: »Jetzt ist's hint' höher wie vorn«, – und schon sind wir alle zwei an die gegenüberliegende Salonwand g'saust.

Leider hat sich das »Spiel« bis Rohrschach noch oft wiederholt und an ein gemütliches Prost war nicht zu denken. Es war ganz unmöglich, das Bier ins Glas einzuschenken, alles ist daneben und auf den Boden g'laufen, und wir zwei sind hin- und herg'flogen wie zwei B'soffene. Dem Valentin war sterbenselend und so oft sich's Schiff nach vorn geneigt hat, hat er g'jammert: »Mei', oh mei, jetzt mir geh'n unter und ausgerechnet heut' am Christi Himmelfahrtstag!«

Aber in Rohrschach haben wir dann doch noch das »rettende Ufer« erreicht und wenn nicht alles so traurig g'wesen wär, hätten wir hinterher direkt lachen können über unsere stürmische Bodenseefahrt! Später hab'n wir auch drüber g'lacht – aber erst, nachdem wir wieder daheim war'n.

(Bearbeitet von Oskar Weber)

Die Biomalzbüchse

In all den Jahren unserer Zusammenarbeit sind wir grösstenteils in Kabaretts aufgetreten. Angefangen im Serenissimus in der Akademiestrasse. Nach dem ersten Weltkrieg ging es uns sehr schlecht. Da kam aus der Schweiz ein Angebot von Schneider Dunker mit einer märchenhaften Gage in die Bonbonniere in Zürich. Nach langen Bitten sagte Valentin zu. Die Reise nach Zürich war für ihn eine Weltreise. Zum erstenmal in seinem Leben bestieg er ein Schiff. Noch dazu zog ein schreckliches Gewitter herauf, begleitet von einem Orkan und Karl Valentin, der »Ängstliche«, glaubte schon, seine letzte Stunde sei gekommen. Trotzdem kamen wir gut an und wurden von dem Schweizer Publikum stürmisch gefeiert.

Auf unseren Wunsch bekamen wir unsere Gage in Goldfranken ausbezahlt, Valentin traute auch der Schweizer Währung nicht recht.

Als wir jedoch erfuhren, dass an der Grenze die Goldstücke abgenommen werden, bekams Valentin mit der Angst.

Da kam ihm die rettende Idee! Er versteckte unsere Goldstücke in eine halbgeleerte Biomalzbüchse, indem er das Gold durch den Schlitz einwarf. Und man hörte beim Schütteln auch kein Scheppern mehr.

»Liesl schwör mir, dass Du Niemanden was sagst, von unserem Goldversteck.« – Immer wieder musste ich schwören, und ich tat es auch. Bei der Heimfahrt an der Grenze hat uns keiner gefragt und alles ging gut. Im bayrischen Zug stiegen noch 2 Kollegen zu uns, wir waren eine lustige Gesellschaft. Plötzlich brauchte Valentin etwas aus seiner alten vom Vater geerbten Reisetasche. Da drinnen war ausser der Biomalzbüchse eine unzählige Menge von Medizinfläschchen, Pillen und Asthmamitteln. Beim Umsteigen muss die Biomalzbüchse umgefallen sein, denn das Innere der Tasche war geradezu besudelt mit Malz. Ich stellte lautlos die Biomalzbüchse auf das Coupettischerl, dazu einige Medizinflaschen. Alles pappte – alles tropfte. Unser elegant gekleideter Mitreisender rief entsetzt: »Hinaus, sie sind ein unangenehmer Fahrgast – mein schöner Anzug.« Und weil mir das unangenehm war, packte ich ein unbedeutendes Flascherl und sagte: »Jetzt sind wir so gleich in München, da brauchst die Medizin nimmer«, und warf das Flascherl zum Fenster naus. Anschliessend ruft der elegante Kollege: »Werfens doch die pappige Büchsen«, packt sie und will sie zum Fenster schwingen.

Valentin in höchster Not schreit: »Halt, meine Goldstückel«. Mit einem Haar hätte er auch noch die Notbremse gezogen.

Im Radio

Im Kabarett der Komiker, Berlin, gastierten wir unter Kurt Robitschek. Eines Abends sehen wir: Mikrophone auf der Bühne und auf dem Boden und viele unheimliche Schläuche. Wir erfahren, das gesamte Abendprogramm wird durch Rundfunk übertragen. Karl Valentin wehrte sich mit Leibeskräften – »Kein Wort bring ich raus, wenn ich dran denk, dass das direkt übertragen wird. Ich trete nicht auf.« Robitschek wusste sofort einen Ausweg. Er versprach hoch und teuer, dass die Übertragung bei uns abgeschaltet wird. Damit war Valentin beruhigt.

Und als wir nach unserem Auftreten in unsere Behausung kamen, wir wohnten bei dem Schauspieler Hans Sternberg, kamen uns die Sternbergs freudestrahlend entgegen – »Grossartig wart ihr zwei – wir haben Eure Nummer eben im Radio gehört.«

Valentin hat diesen nachträglichen Schreck lange nicht überwunden.

Karl Valentin, das Münchner Original
Vorwort

In der guten alten Zeit war unsere liebe Münchner Stadt reich an Originalen.

Gestalten wie Krenkel, ewiger Hochzeiter, Finessen Sepperl, Kapellmeister Sulzbeck usw. waren damals stadtbekannte Persönlichkeiten. Unsere heutige Generation kann sich an diese Zeiten kaum mehr erinnern, aber manch alter Münchner denkt heute noch zurück an die lustigen Episoden und originellen »Heldentaten« dieser eigenartigen humorvollen Menschen. Sie waren in der Stadt überall zu finden, auf der Strasse, im Bräuhaus, im Hofgarten und am Marktplatz. Auch trieben sie ihr Unwesen nicht nur mit Freunden und Bekannten, sondern wagten sich auch an manche Fremden – ob arm gekleidet oder reich – an manchen Bürger oder hohen Herrn der Stadt – kurzum – vor ihren Scherzen war niemand sicher.

Jetzt leben wir in einer anderen Zeit. Das ehemalige München mit seinen lustigen kleinen Winkeln und Gässchen ist fast verschwunden; an unseren grossen Strassen und Plätzen gehen die Menschen fremd vorüber und ein Finessen-Sepperl der an jeder Ecke stehen bleibt und erzählen will, wäre heute ein Verkehrshindernis. Und doch wäre es traurig um München bestellt, wenn seine berühmte Gemütlichkeit ganz verschwunden wäre, wenn es keinen goldenen Humor mehr gäbe, der uns über so vieles hinweghilft. In unserer ernsten Lebensperiode freuen wir uns doppelt, doch noch einige waschechte Münchner mit Humor und besonderer Originalität zu besitzen und einer von diesen Urmünchnern ist
Karl Valentin
der Münchner Original Komiker.

Karl Valentin, geboren in der Au, also eine echte »Vorstadt-Pflanze«, hat es in seiner Vaterstadt zu grossem Namen und Ansehen gebracht.

Er liebt seine Münchner Stadt aufrichtig und wahr und besonders ist ihm seine Heimat »Au« ans Herz gewachsen. Karl Valentin ist ein durchaus origineller Mensch, der geborene Komiker. Er ist kein Fratzenschneider, kein Schablonen-Couplet Sänger, sondern ein von der Natur mit Mutterwitz ausgestattetes Wesen.

Glücklicherweise hat er eine unglückliche Figur – er ist dünn und lang. Er ist nicht nur auf der Bühne komisch, sondern er macht Witze von früh Morgens bis spät Abends – wird nie müde dabei – und hätte man seine Witze alle gesammelt, die er im Café, auf der Strassenbahn oder sonst ausser seiner beruflichen Tätigkeit losgelassen, wäre uns ein grosser Schatz von Humor erhalten geblieben und tausende Schlager von ihm sind ohne seines Wissens schon in die verschiedensten Witzblätter gewandert.

Aus peinlichen Momenten befreit er sich schlagfertig mit einem blödsinnigen Witz und viele haben sogar behauptet, mit dem »Valentin« könnte man kein vernünftiges Wort reden.

Seine Popularität ist ihm auch manchmal schon zuwider geworden. Wo er nur immer geht und steht – in allen Lokalen, kurz wenn er aus dem Hause geht, wird er angesprochen.

Da wiederholen sich den ganzen Tag immer ein und dieselben Fragen:

Herr Valentin wie gehts? Wo spielen Sie denn jetzt? So! Wo is denn dös? Was machts Asthma? Wie alt san Sie eigentlich? Wo wohnens denn? Und so geht es fort. Hat er nun den einen alles beantwortet, kommt einige Minuten darauf ein anderer und frägt dasselbe.

Jetzt wurde es ihm einmal zu dumm und um dieses Antwort-Geben zu vermeiden, liess er sich Zettel drucken, enthaltend seinen Lebenslauf und sämtliche Fragen, die an ihn täglich gerichtet wurden.

Jedem, der ihn ansprach, gab er so einen Zettel und sagte, da steht alles drauf, dann brauch ich net so viel reden – Servus!

Bekannt ist er fast allen Münchnern, den grossen und den kleinen, fast alle lachen über ihn und alle haben ihn gerne. Natürlich gibt es auch wieder Menschen, die seine Eigenart und sein Wesen weniger verstehen – aber die Geschmäcker sind verschieden und schliesslich – allen Leuten zu gefallen, das ist eine Kunst, der sogar der beste »Komiker« nicht gewachsen ist.

Mit folgenden gesammelten und zusammengestellten »Valentin-Witzen« glaube ich bestimmt, seinen Anhängern und Verehrern eine kleine Freude zu machen.

[...]

Im Film-Atelier

DER REGISSEUR: Aber bitte Fräulein Karlstadt, sprechen Sie doch etwas hochdeutscher, nicht so viel im bayerischen Dialekt.

KARLSTADT: Es ist sehr schwer. Wo bleibt da unsere Technik? Wa-

rum erfindet man nicht einen elektrischen Dialekt-Umformer? Man spricht da irgend einen Dialekt in den Umformer und hochdeutsch kommt die Sprache heraus.
[...]

Nachwort

Die hier niedergeschriebenen Witze sind natürlich nur ein kleiner Bruchteil aus Valentins »Blödsinn-Fabrik«, wer aber noch grössere Mengen davon aufnehmen kann und will – muss ihn selbst sehen und hören.

Ich hoffe daher, alle Besitzer dieses kleinen Büchleins haben sich beim Lesen desselben gut unterhalten.

Motto: Es freut sich's Herz und das Gemüt
wo die Blume des Blödsinns blüht.

Lisl Karlstadt
Münchner Humoristin und langjährige Partnerin Karl Valentins

Zur Einweihung des Valentin-Brunnens am 18. Oktober 1953

Liebe Valentin-Freunde!
Bei dieser feierlichen Gelegenheit werden sich die meisten von Ihnen noch an eine Spielscene von uns erinnern bei der Karl Valentin als Spritzbrunnenaufdreher bei einem Baron von Rembremerdeng angestellt war. Karl Valentin hätt es sich natürlich nie träumen lassen, dass er selber einmal auf einem Spritzbrunnen zu stehen kommt. Und wenn er jetzt noch reden könnt, dann tät er vielleicht sagen: »Liesl drah net gar so stark auf.«

Mein ewiger Partner Karl Valentin

Lieber Herr Wolter,
ganz wehmütig ums Herz ist's mir geworden, wie ich jetzt die Fotos wiedergesehen hab, die Sie vor dem Krieg auf dem Keller aufgenommen haben. Ja, das war noch eine glückliche Zeit! Wer von uns hätte damals gedacht, welche Veränderungen die folgenden Jahre bringen sollten. Der gute Beppo Benz, bei dem wir so oft gastierten, ist gefallen – und mein ewiger Partner Karl Valentin heute auch schon zehn Jahre tot …

Vergessen haben wir ihn alle nicht und es ist eine gute Idee, die Aufnahmen jetzt auch der Öffentlichkeit in einem Buch zu zeigen. So war er, wie er leibt und lebt – mit Gocks, Zigarre und Samtkragenmantel – privat. Da trägt er auch noch den Ring, den ich ihm zum 50. Geburtstag geschenkt habe, mit dem Lapislazulistein. Lang hat er ihn nicht getragen. Als er nämlich in der Zeitung las, daß einem Soldaten, der beim Abspringen vom Lastwagen mit seinem Ring am Wagen hängengeblieben war, der Finger abgerissen wurde, hat Valentin nie mehr einen Ring getragen.

Ja, überaus ängstlich war er halt schon. Und seine Scheu vor allen Verkehrsmitteln – oh mei! Dabei hat er wirklich einmal mit mir zusammen einen Autofahrkurs besucht. So ums Jahr 1928. Zuerst ging alles ganz gut – er war ja zeitlebens ein geschickter Bastler – aber als dann das praktische Fahren begann, versagte er kläglich. Mit dem Schalten kam er nie zurecht. »Alle Autos san technisch völlig rückständig«, murrte er. Das heutige Synchrongetriebe wär sicher nach seinem Geschmack gewesen, aber das war noch nicht erfunden. Als wir einmal von einer Lehrfahrt zurückkehrten, meldete Valentin dem Kursleiter: »Heit ham mir leida Pech gehabt, mir ham an Flügel abbrocha« – »Was«, rief jener entsetzt, »einen Kotflügel von meinem neuen Wagen?« – »Na, net von Eahnem Wagen«, erklärte Valentin. »Einen Flügel von einem Schmetterling, mit dem mir zusammengerumpelt san …«

Acht Tage vor Schluß des Fahrkurses verzichtete Valentin auf den Rest und auf den Führerschein – er ließ sich künftig lieber von mir fahren oder von Taxichauffeuren, die seine Eigenheiten als Fahrgast kannten. Als ihn einmal ein Fremder fuhr, fragte ihn Valentin bei Beendigung der Fahrt: »Na, wia bin i' zum fahr'n?«

Karl Valentin war ebenso autofremd wie weltfremd. So mußte ich auch alles Geschäftliche stets für uns beide erledigen. Eines Abends hatten wir uns über einen Direktor, bei dem wir gerade engagiert waren, maßlos geärgert und überlegten, wie wir uns rächen könnten. »Weißt, was d'machst«, riet mir Valentin, »glei' morgen in der Früh' rufst an und schimpfst nach Noten – aber laß di' vorher falsch verbinden, daß er's net hört ...«

Er war ein grundgütiger Mensch und als solchen haben Sie ihn ja auch gekannt, lieber Herr Wolter. Wenn ich Ihre Bilder vom Salvatorkeller anschau, hör ich ihn direkt sprechen: »Mei, Liesl, des wird für mi' hart sein, wann i' amal dort drüben auf'm Ostfriedhof neben meinen seligen Eltern lieg' und i' hör hier die Musi mein Lieblingslied spuin ›Es wird ein Wein sein ...‹«

Nun, es ist etwas anders gekommen als er dachte. Jetzt liegt er recht einsam draußen in Planegg – aber die Münchner haben ihn nicht vergessen und am wenigsten wir, seine alten Freunde!

Ihre
Liesl Karlstadt

Monologe und Dialoge

Die deutsche Laugenbretzel

Volksgenossen und Volksgenossinnen!

Wiederum hat es sich gezeigt, daß der Nationalsozialismus nicht nur zur Erhaltung, sondern auch zur Ernährung des Volkes dient.

Es gab einmal eine Zeit, in der das gesamte deutsche Volk von der Existenz einer Laugenbretzel noch nicht die geringste Ahnung hatte. Ich wußte, was es bedeutete, einen ohnmächtigen Kampf um die deutsche Laugenbretzel auf mich zu nehmen. 14 Jahre lang habe ich gekämpft, und Gott der Allmächtige wollte es, daß ich wie immer als Sieger hervorging.

Es war in den bitteren Jahren der Systemzeit, als ein internationales Juden- und Verbrechertum den Absatz der deutschen Laugenbretzel zu vernichten drohte, und wiederum waren es einige mutige, tapfere, beherzte Männer, die die Kultur der Laugenbretzel hinaustrugen in alle deutschen Gaue, und der Erfolg davon war ein einzigartiger Siegeszug der bisher verachteten Laugenbretzel.

Die deutsche Laugenbretzel ist nicht nur gesund, sie ist auch bekömmlich – dem deutschen Arbeiter, dem deutschen Bauern, dem deutschen Studenten, und nicht zuletzt gedenk ich der deutschen Frau – der deutschen Mutter. Parteigenosse Dr. Goebbels hat schon bei seiner ersten großen Propagandarede auf der Hochzeit zu Kanaan die Bedeutung der deutschen Laugenbretzel hervorgehoben, und somit ist es Ehrenpflicht sämtlicher nationalsozialistischer Verbände und Formationen, sich in Zukunft nur von deutschen Laugenbretzeln zu ernähren – und dann wird sich endlich auch der Katholizismus zur deutschen Laugenbretzel bekennen müssen, ob er nun will oder nicht.

Hier heißt es biegen oder brechen. Heil – Heil – Heil!

Verein »Die Katzenfreunde«

Ansprache der Frau Hauptzollamtsverwaltersgattin Rosa Meillinger an die Mitglieder des Vereins »Die Katzenfreunde«

Meine lieben Mitglieder des Vereins »Die Katzenfreunde«! Als Schriftführerin des Vereins »Die Katzenfreunde« habe ich Ihnen bei der heutigen Generalversammlung Folgendes zu berichten: Die Mitgliederzahl hat sich bis zum heutigen Tag auf 26 Mitglieder erhöht. Es sind dies die Frau Generaldirektor Buchner, Frau Kanzleisekretär Brand, Frau Oberpostrat Kammberger, Frau Konsistorialrat Ammerland, Frau Bezirkskommissär Hofmann, Frau Oberinspektor Sallinger, Frau Gerichtsassessor Strohmeier, Frau Magistratsfunktionär Eisemann, Frau Strassenbahnkontrolleur Stangl, Frau Aufsichtsrat Lochbichler, Frau Polizeiwachtmeister Nennhuber, Frau Gewerberat Schettler, Frau Reichsbahnexpeditor Ebentaler, Frau Geheimrat Löfflberger, Frau Cafetier Bernreiter, Frau Hauptzollamtsverwaltersgattin Meillinger, Frau Bahnadjunkt Wallner, Frau Finanzminister Sollfrank, Frau Akademieprofessor Oberstädter, Frau Generalmajor Gallinger, Frau Oberregierungsrat Scheinwallner, Frau Baumeister Trotz, Frau Oberbaurat Lechner, Frau Revierförstersgattin Bleimeier, Frau Kommerzienrat Spitzinger und Frau Realitätenbesitzersgattin Randlkofer.

An alle diese Genannten haben wir Einladungen zu unserer heutigen Generalversammlung geschickt. Leider haben sich heute nur folgende Mitglieder eingefunden! Die Frau Bahnadjunkt Wallner, Frau Finanzminister Sollfrank, Frau Akademieprofessor Oberstädter, Frau Generalmajor Gallinger, Frau Oberregierungsrat Scheinwallner, Frau Baumeister Trotz, Frau Oberbaurat Lechner, Frau Revierförstersgattin Bleimeier, Frau Kommerzienrat Spitzinger, Frau Realitätenbesitzersgattin Randlkofer.

Wenn aber die heute fehlenden Mitglieder, nämlich die Frau Generaldirektor Buchner, Frau Kanzleisekretär Brand, Frau Oberpostrat Kammberger, Frau Konsistorialrat Ammerland, Frau Bezirkskommissär Hofmann, Frau Oberinspektor Sallinger, Frau Gerichtsassessor Strohmeier, Frau Magistratsfunktionär Eisemann, Frau Strassenbahnkontrolleur Stangl, Frau Aufsichtsrat Lochbichler, Frau Polizeiwachtmeister Nennhuber, Frau Gewerberat Schettler und Frau Reichsbahnexpeditor Ebentaler meinen, sie können ohne Entschuldigung der Generalversammlung fernbleiben, so ist unser Vorstand, Herr Gewerberatinspektor Weber, genötigt, das Fernbleiben der Mitglieder, und zwar der Frau Generaldirektor Buchner, Frau Kanzleisekretär Brand, Frau Oberpostrat Kammberger, Frau Konsistorialrat Ammerland, Frau Bezirkskommissär Hofmann, Frau Oberinspektor Sallinger, Frau Gerichtsassessor Strohmeier, Frau Magistratsfunktionär Eisemann, Frau Strassenbahnkontrolleur Stangl, Frau Aufsichtsrat Lochbichler, Frau Polizeiwachtmeister Nennhuber, Frau Gewerberat Schettler und Frau Reichsbahnexpeditor Ebentaler zu rügen.

Wenn die zuletzt hier angeführten Damen glauben, unsere Vorstandschaft schickt die Einladungen an die Mitglieder nur deshalb, dass die eingeladenen Mitglieder kommen wollen, wann es ihnen gefällig ist zu kommen, oder ist zu sein, so täuschen sich die eingeladenen Mitglieder schwer. An folgende Mitglieder: Frau Generaldirektor Buchner, Frau Kanzleisekretär Brand, Frau Oberpostrat Kammberger, Frau Konsistorialrat Ammerland, Frau Bezirkskommissär Hofmann, Frau Oberinspektor Sallinger, Frau Gerichtsassessor Strohmeier, Frau Magistratsfunktionär Eisemann, Frau Strassenbahnkontrolleur Stangl, Frau Aufsichtsrat Lochbichler, Frau Polizeiwachtmeister Nennhuber, Frau Gewerberat Schettler und Frau Reichsbahnexpeditor Ebentaler ergeht nun eine Mahnung.

Sollten die Mitglieder bei der nächsten Generalversammlung wieder nicht erscheinen, so werden die Mitglieder wie Frau Generaldirektor Buchner, Frau Kanzleisekretär Brand, Frau Oberpostrat Kammberger, Frau Konsistorialrat Ammerland, Frau Bezirkskommissär Hofmann, Frau Oberinspektor Sallinger, Frau Gerichtsassessor Strohmeier, Frau Magistratsfunktionär Eisemann, Frau Strassenbahnkontrolleur Stangl, Frau Aufsichtsrat Lochbichler, Frau Polizeiwachtmeister Nennhuber, Frau Gewerberat Schettler und Frau Reichsbahnexpeditor Ebentaler aus unserem Verein »Die Katzenfreunde« einfach ausgeschlossen.

Geschäfts-Heirat

Herr Zopf: Guten Tag!
Frau Semmelmeier: Grüss Gott, Sie wünschen?
Herr Z: Ich komm' wegen der Heiratsannonce; – sind Sie die Frau Semmelmeier selbst?
Frau S: Jawohl, die bin ich, sozusagen die heiratslustige Witwe, he he he he he! Bitte, nehmen Sie bitte Platz, wenn ich bitten darf!
Herr Z: Ich bin so frei!
Frau S: Oh bitte, aha, so so, Sie sind der Herr selber –
Herr Z: Alfred Zopf ist mein Name, der auf diesem nicht mehr ungewöhnlichen Wege eine passende Frau sucht. – Ihre Photographie, die Sie mir geschickt haben, habe ich Ihnen wieder mitgebracht.
Frau S: Danke – ich habe mich natürlich seit dieser Zeit stark verändert, ich bin heute 50 Jahre alt und dieses Bild hier stammt noch aus meiner Jugendzeit, vom Kindergarten, da war ich 3 Jahre alt – no – eine kleine Ähnlichkeit ist heute noch vorhanden!
Herr Z: Nun zur Sache selbst! Also, ich suche eine Frau – ich bin zwar nicht mehr der Jüngste, ich bin schon 60 Jahre alt.
Frau S: Was! – – 60 Jahre – das würde niemand glauben, ich hätte Sie höchstens auf – 59 geschätzt! – – Apripos, haben Sie auch eine sichere Existenz?
Herr Z: Das ja – ich bin Bergwerksbesitzer.
Frau S: Wie …?
Herr Z: Berg – werks – be – sitz – er!
Frau S: Bergwerksbesitzer – sind Sie? Wo haben denn Sie Ihr Bergwerk?
Herr Z: Daheim!
Frau S: Daheim?
Herr Z: Freilich!
Frau S: Sie sind wahrscheinlich in Schlesien daheim?
Herr Z: Na na! Ich bin von Sauerlach!
Frau S: In Sauerlach haben Sie Ihr Bergwerk?
Herr Z: Na na, 's Bergwerk steht neben der Paulskirche.
Frau S: Was? Jetzt kenn i mi gar nimmer aus, ja, ist das ein Kohlenbergwerk?

Herr Z: Na na, ein Steinkohlenbergwerk!

Frau S: Mit diesem Bergwerk da müssen Sie ja ein heilloses Geld verdienen! –

Herr Z: Das kommt aufs Wetter an.

Frau S: Bei einem Bergwerk kann doch das Wetter keine Rolle spielen! – – – Jessas ja, freilich – die »schlagenden Wetter« – dös ham mir ja schon in der Schul' g'lernt!

Herr Z: »Schlagende Wetter« gibt's bei meinem Bergwerk nicht! – Mein Bergwerk ist nur jeden Sonntag in Betrieb.

Frau S: Was?! – An Wochentagen wird in Ihrem Bergwerk nicht gearbeitet? Das ist aber eine eigenartige Geschäftseinteilung! – – – Aber abgesehen von dem: Sie als Bergwerksbesitzer kommen zu mir um meine Hand anzuhalten, dann bin ich eine arme Frau, und wenn ich nun Frau Bergwerksbesitzerin werden würde – ich habe ja keine Ahnung von einem Steinkohlenbergwerk – ich könnte Ihnen in Ihrem Beruf gar nicht behilflich sein –!

Herr Z: Doch! – Sie könnten die Kurbel dreh'n, während ich dem Publikum das Bergwerk erkläre!

Beim Augenarzt
Wahres Erlebnis

Frau Dr. Müller (*Wohnungsglocke – Frau Dr. Müller öffnet die Tür*): Guten Tag, meine Dame, mit was kann ich dienen?
Liesl Karlstadt: Mir ist ein Stückchen Kohle ins Auge geflogen und das tut so arg weh.
Frau Dr.: O Sie Arme, bitte gehen Sie doch herein, nehmen Sie bitte Platz. – (*Stuhlgeräusche*) – So – einen Moment – ich mache Ihnen rasch einen kalten Umschlag, denn Ihr Auge ist von dem Reiben schon ganz entzunden! – (*Von hinten wiederherkommend*) – So meine Dame, seh'n Sie, das kühlt und nimmt die Entzündung weg! – Da kann oft nur ein ganz winziges Stäubchen ins Auge gekommen sein und man hat das Gefühl, als sei es so groß wie eine Haselnuß.
L. K.: Ja, ich hab' schon alles versucht, aber ich bring's nicht raus!
Frau Dr.: Wo ist Ihnen das passiert?
L. K.: Ich wollte heute nach Pullach fahren, das heißt ich bin schon gefahren – und hab zum Zug hinausgeschaut und schon is mir was ins Aug hineingeflogen. – Einen Herrn im Coupé habe ich ersucht, er soll mir hineinschauen ins Auge und soll versuchen, ob ers mit seinem zugespitzten Taschentuch rausbringt. Den ganzen Augapfel hat er mir mit seinem schmutzigen Taschentuch abgewischt, aber das Kohlenbröckerl hat er, scheints, nicht dawischt, weil's immer noch drin ist.
Frau Dr.: Wahrscheinlich – d-d-d-d-d-d.
L. K.: Dann bin ich in Pullach ausg'stieg'n, hab aber nicht gleich einen Augenarzt g'funden. A Zahnarzt is in Pullach – aber – in' Zahn is mir ja keine Kohle 'neing'flogen, sondern ins Aug –.
Frau Dr.: Natürlich – ich versteh!
L. K.: Ich bin dann von Pullach wieder nach München g'fahr'n zu einem mir bekannten Augenarzt – der hat aber an diesem Tag leider keine Sprechstunde g'habt.
Frau Dr.: Das war Pech!
L. K.: Nein, Frau Doktor – Kohle habe ich im Auge!
Frau Dr.: Ja so – ich versteh – Verzeihung!
L. K.: Mit zugehaltenem Auge geh ich auf die Suche nach einem anderen Augenarzt – da ich aber keinen finde, gehe ich zu einem

praktischen Arzt, vielleicht gelingt es diesem, den Fremdkörper aus meinem Auge zu holen.

Frau Dr.: Und? – Hat er ihn herausgebracht?

L. K.: Er hat mit so einem Wattebauschen herumgetan, aber er konnte es nicht erwischen und sagte zu mir: Das beste wäre es, Sie gingen zu einem Augenarzt, der hat die richtigen Instrumente für so was!

Frau Dr.: Ja ja, da hatte der Arzt auch recht! Ein praktischer Arzt hat kein Spezialinstrument, wie es für so etwas erforderlich ist.

L. K.: Der Arzt hat mir dann einen Augenarzt empfohlen in der Nähe von Hauptbahnhof.

Frau Dr.: So! –

L. K.: Auf dem Weg zu diesem lese ich aber zufällig an einem Haus auf so einem weißen Emailleschild »Dr. Müller, Augenarzt« und jetzt bin ich Gott sei Dank an der richtigen Stelle! – Muß ich lange warten?

Frau Dr.: Ja, der Herr Dr. Müller – mein Mann – kann Sie leider nicht mehr behandeln, da er schon vor vier Jahren gestorben ist.

L. K.: Was sagen S'? Der is schon gestorben? – Ja, aber am Hauseingang heißt es doch »Dr. Müller, Augenarzt«!

Frau Dr.: Ja – immer kommen wieder Leute herauf! Jetzt müssen wir die dumme Tafel doch einmal wegmachen lassen! –

L. K.: Ja, tun Sie das. – Gute Besserung, Frau Augenarzt!

Die Frau Wirlberger

Also, gestern war ein direkter Freudentag für mich. Sagt mein Mann zu mir: »Kreszenz, ziag di an, heut gehn wir in die Auermühlbach-Lichtspiele nüber und schaun uns den neuen amerikanischen Grossfilm an – – der soll ja grossartig sein!«

»Ui fein«, sag i – »der Hausmeister-Anni, die doch mit einem Ami geht und gwiss was versteht, dera hat er auch so gut gfalln, der Film.« Dann hab ich mich zsammagschneckelt so gut als halt noch geht und um halbe Zwei sind wir schon vorm Kino dort gestanden.

Wir haben gmeint, wir kommen noch zu früh, daweil sind da Menschen dort gstanden, hingrafft haben sie sich zu dera Kassa – – wie die Wilden!

Ich und mein Alter san glei an die Kasse hin und haben gschaut, was die Billetten kosten.

»Mögts Euch scho hinten anstellen!« schreit so a jungs Flitscherl – – »Wird Ihnen schon passen« sag ich, »wenn wir zuerst schaun, was kost – – das wissen wir schon selber, dass wir uns anstellen müssen. Moanas wir san no nirgends angstanden? – Sie schaug o – s rotzige Zimmamadl!«

Mein Mann packt mich glei am Arm und will mi zruckziehn, reißt mir aber von meiner neuen Blusen an halberten Ärmel runter. »No, Lackl«, sag ich – – »konnst nicht aufpassen – – jetzt schau dich wieder an, was du da wieder gmacht hast – – i sag ja – – wiast halt du was in dei Pratzen nimmst, is schon hin auch!«

»Aber deshalb brauchen Sie Ihren Mann auch keinen Lackl heißen«, sagt sie drauf, die ganz andere, »weil Ihnen Sie mit Ihrem Schnacklkopf die Blusen auch nicht selber kauft haben.«

»Ja, was geht denn dies Ihnen an, Sie gschnappige Person – wenn ich mit meinem Mann was zum Reden hab – – mischens Ihnen nicht in fremde Familienangelegenheiten, sonst könnt sein, dass ich Ihnen rausstoss aus der Reihe der Angestellten!« Und dann haben wir die Gscheiteren gemacht und haben uns hinten angestellt, bis wir die Billetten gehabt haben!

Punkt 2 Uhr haben sie uns neinlassen. Ich hätt ja den schönsten Platz derwischt, aber natürlich, der langweilige Herr Gatte, der beim hellichten Tag schon zu langsam schaut, war natürlich wieder hintdran und is umanandadappt wia a junga Hund, der im Wasser an Hundsdapperer macht!

Und wenn ihn ich nicht auf einen Platz hingsetzt hätt, wie ein Schullehrer einen A-B-C-Schützen, dann hätt er vielleicht die Kinoleinwand auch noch durchgrennt mit seinem Gipskopf, mit seinem saudummen!

Einen schlechten Platz haben wir erwischt, sag ich Ihnen, dass es ganz grausam war. Vor uns is glücklicherweise natürlich ein Mordstrumm viereckige Quadratsäuln gstanden.

»So jetzt haben wirs«, hab ich zu mein Mann gsagt. »Jetzt kannst ums Eck nüber schaun oder du kannst dir um dein Eintritt 2 Stunden lang die viereckige Säuln betrachten.«

»Ach möchtens nicht so freundlich sein, Herr Nachbar«, sag ich zu dem Herrn, der neben mir gsessen is, »und möchtens ein wenig nach links nüber rücken, dass wir besser vorsehen.«

»Das können Ihnen denken«, sagt der, »ich bin ja schon ganz narrisch – wenn Ihnen die Säuln scheniert, dann streckens halt Ihren Ganskragen um die Säuln nüber.«

»Ich dank recht schön Herr Nachbar«, hab i gsagt – »Sie sind halt ein liebenswürdiger Mensch. So was find man selten noch in der heutigen Zeit!« Und dann hab ich mir während der Wochenschau den Hals so verdreht, dass i ausgschaut hab, wie ein erdrosselter Flamingo im Zoologischen Garten.

Also gschimpft hab ich so viel in dem Kino drinn, dass ich bald die ganze Tonfilmanlage übertönt hätte.

Auf einmal schreit einer von der hinteren Reihe zu mir vor. »Gell tuns fei bald Ihre Gebiss-Schatulln zumachen, sonst fallen Ihnen noch die ganzen Beissperlen raus, wo Ihnen die Ortskrankenkasse die Hälfte dazu zahlt hat.«

Jetzt schauns eine solche Frechheit an und darfst nichts sagen, sonst kriegst noch Prügel dazu. Und so is der Hauptfilm angegangen. Hab i mir denkt: Dös kann ja bildsauber werden!

Vor mir sitzt a so a langhaxerts frechs Bürscherl – brettelbreit und weil ich halt ein bisserl klein bin, seh ich natürlich nichts.

»Ach, möchtens nicht so freundlich sein, schöner Herr«, sag i zu ihm, »und möchtens Ihna a bisserl kleiner macha, weil ich sonst nix seh« – – und weil er nicht gleich drauf reagiert hat, hab ich ihm mit meinem Zeigefinger von hinten ein wenig auf sein auswattierte Schulter naufgetupft. Der draht sich um und staucht mich gleich so zusammen:

»Tua mi fei no amal betupfen dahinten, dann heb ich dich raus aus die Klappsitz, alte Hyazinthen. Jetzt mein ich, wirst es packen mit dem Silentium, gräusliche Schlingpflanzen!«

Jetzt bin ich aber narrisch worn. »Wer is a Schlingpflanzen«, hab ich gsagt, und hab dem frechen Schlawinerbuben von hinten meine 10 Fingernägel so ins Gnack neingsetzt, dass er gmeint hat, er hat sein Kopf in eine Rosshaarzupfmaschine neibracht.

Mein Mann will mir natürlich helfen – – der dumme Depp packt mich in der Finsternis und haut mir eine nach der anderen runter. A alta Mann mischt sich ins Handgemenge, verwickelt sich aber mit seiner Uhrketten in mein Frisur und d Leut haben alle gschrien – – Licht – Licht – – und bis wir uns besonnen haben – war schon Licht – – aber Tageslicht – – sind wir schon auf der Strasse draussen gelegen. Ausgschaut haben wir, sag ich Ihnen – – als wenn wir 14 Tage in einem feindlichen Stacheldrahtverhau drinn ghängt wären. Ganz verhaut und zerfetzt sind wir von dannen gezogen – – geschimpft hab ich, sag ich Ihnen – – aber Schuld war ja nur mein Mann, weil sich der unbedingt den Ami-Film einbildet hat.

Ach, es is schon nimmer schön auf dera Welt. A direkts Kreuz is heutzutag – – sozusagen ein direkter Kampf ums Leben. Wenn mans richtig nimmt und bedenkt, was wir schon alles mitgemacht haben mitn Krieg und dem Zeugs überanand was nachkemma is – – ja da mag i scho gar nimmer davon reden! – aber wenn ma ehrlich san, die ganze Welt is eine Falschheit, ein Schwindel – oana schwindelt den andern o – – koan Menschen derfst mehr traun – – na – na – es is a rechter Jammer – – aber mitmacha musst, bist stirbst und als Toter hat man dann auch noch keine Ruh – – da schimpfens a no über di – dassd in koan alten Schuah mehr neipasst, wie man so sagt.

Sehns, bei der Beerdigung von meiner Freundin ihrem Mann, dem Herrn Strassenbahnkontrolleur Kammerberger wars glei so. Is a so a guater, braver, fleissiger Mann gwen – mit so einem gefährlichen Beruf – Sie wissen ja selber, was die Strassenbahner schon alles haben aushalten müssen – mit oan Fuss is er ja so an ganzen Tag im Grab gstanden. Er war nämlich bei der Münchner Strassenbahn Kontrolleur. Wie der Herr Hochwürden, Herr Dekan Obermeier von Skt. Heiligengeist in der Grabrede betont hat – – »ein fleissiger Mann in seinem Beruf« – – »na«, hat hinter mir eine gsagt: »A fleissiger Mann, dass i net rutsch – an ganzen Tag is er nur Trambahn gfahrn und hat bloss immer gsagt ›Billetten vorzeigen – Danke!‹« Sehn Sie – so bös san die Leut und der elektrische Trambahnberuf ist doch wirklich ein ganz aufopferungswürdiger Beruf.

Jetzt mit meinem Sohn Ferdinand gehts die letzte Zeit Gottseidank wieder besser. Mein Gott, hat der arme Kerl was ausgstanden. Da Dr. Mayer in der Kaufingerstrassen hatn operiert an Räuberhöhlenentzündung, d.h. i wollt sagen Stirnhöhlenentzündung. Und denkens Ihnen, unterm Operieren rutscht der Dr. aus und fahrt dem armen Buben mit der Lanzett direkt ins Hirn nei. Gut, dass mein Sohn s Hirn so weit hint hat, sonst wärs gefehlt gewesen!

Da Alfred, der zweitälteste hat a Zahnfistel gehabt. Da war aber unser Hausarzt dran schuld, der hat ihn falsch behandelt und hat den Buben auf Glenkrheumatismus kuriert.

Jetzt geht er schon bald ins 16. Jahr, da Alfred – – i bin ja froh, dass er no so jung is und hab seinerzeit allerweil zu alle Heiligen bet – o der liebe Gott möchtn nur ja recht langsam gedeihn lassen, damit sie ihn nimmer zum Krieg einziehn könna – den Buabn – – und gsund is er ja sowieso net – – denkens Ihnen, der grat ganz an Vater nach – – mein Mann ist nämlich städtischer Beamter – – im Rathaus is er drinn beschäftigt – – aber sehr leidend, der hat so eine Art Schlafkrankheit – die ist nicht schmerzhaft, aber sehr zeitraubend. Stellens Ihnen das Unglück vor, wenn die Krankheit mein Sohn auch kriegen tät! Mit der Schlafkrankheit kann ja der Bua kein Gschäft net lerna. No ja, gefehlt wärs ja nie. Wenn alle Strick reissatn – – bringt ihn halt der Papa auch im Rathaus unter – – die Arbeit kann er dann immer noch machen!

O mei. Mit den Kindern is es schon ein rechtes Kreuz. A Familie, wo heutzutag 8 oder 9 Kinder hat – – is nicht zu beneiden – trotz der vielen Lebensmittelkarten. Jetzt haben wir Gottseidank nur sieben. Geht da der Ärger und der Verdruss schon nicht aus.

Wissens, unter uns, da wohnt a Filmschauspielerin. Und dera muss meine Gretl, die 12jährige, immer s Sach holen. Neulings hat sies furtgschickt um an Puder und die Kloa hats nimmer gwusst, was holn muss und bringt ihr aus der Drogerie an Vasenolpuder fürn Fussschweiss daher. Hat die mein Kind zusammmengeschimpft. Da machens Ihnen gar keinen Begriff. Hats zu der Kleinen gsagt: »Machs nächstemal deine Ohrwaschln besser auf, dumms Ding, dumms« – aber da bin i auffi zu dera – – wissen Sie, i red net vui und sag net vui – – aber alles bis zu einer gewissen Grenze. »Was«, hab i gsagt, »is mei Tochter. Was für ein dummes Ding hat Ohrwaschln. Sie alte Filmschuxen. Zu was braucha denn Sie no an Gsichtspuder? Eahnane Falten san ja so schon die reinsten Dachrinnen. Die könnens nimmer verpudern. Da is gscheiter, Sie kaufa Eahna a alte Luftschutzkeller-Gasmaske oder gar an Taucherhelm und deckas eahnan gefalteten Fesselballon ganz zua, Sie Filmgespenst, Sie.

Und wenns wieder einmal was brauchen, dann lassen Sie sich Ihre Gesichtsschmieraschutensilien das nächstemal von einem Packträger mitn Zweiräderkarren holen und verschonens meine Tochter mit Ihre Gäng, Sie langhaxerte Blindschleicha.«

Ja wissen Sie, d Leut tätn grad mit die andern Leut ihre Kinder, was s wollten – – na – na, dös gibts net – – wenn i mich auch nicht so mit dem Reden zurecht finde. Alles kann man sich denn nicht bieten lassen – – mein Mann natürlich, der kann ja mit den Kindern gar net umgehn – der hat ja keine Ahnung von der Kindererziehung. Unserm dreijährigen Engelbert gibt er neulich das offene Rasiermesser zum Spielen – – i kimm grad dazu – schrei gleich: »Um Himmelswillen«, reiss an Buam s Messer aus der Hand, sagt mein Mann, »lass ihm s doch, der kann sich ja doch noch nicht rasirn.« Sehen Sie, so dumm reden die Mannsbilder daher!

In unserem Haus, vielmehr in unserem Gang, da wohnt eine gewisse Frau Bimslechner – a recht a eingebildete Person sag ich Ihnen! Hab ihr schon so viele Gefälligkeiten erwiesen und jetzt will sie mich überall ausrichten. So eine Unverschämtheit! Was bildet sie sich nicht jetzt wieder ein! Sie sagt, sie hat Wanzen! Ja, da braucht sie sich gar nichts darauf einbilden! Die hat sie ja doch blos nur von uns!

Ja ja, es is schon ein Kreuz – – besonders mit dera Markenwirtschaft. Jetzt derf i no umanandlaufa, dass i für morgen was zum Kocha auftreib. Das is was – heutzutag an Haushalt führn, is direkt a Kunst. Man wird nimmer fertig.

I sags ja, es is schrecklich. Und manche Leut haben auch jetzt wieder alles, was ihr Herz begehrt. Die Ungerechtigkeit ist zu gross auf der Welt.

Drum soll unser Herrgott wieder einmal eine Sündflut kemma lassen und alles wegschwoabn. Und was is nacha?

Na lassen sich die reichen Leut Flugzeug machen – – fliegen über der Sündflut umananda und schaugen mit den Operngucker runter wie wir alle jämmerlich zugrunde gehn. Und drum sag i:

Na die Welt ist ein Theater,
Auf der Welt da gehts jetzt zua
Wo st nur hinschaust musst di ärgern
Nirgends hast a Rast und Ruh
In der Ehe mit den Kindern
Mit der Wohnung mitn Mann
Machst du in der Fruah die Augen auf,
Geht das Kreuz schon wieder an!

Wissen Sie, i red net viel und sag net viel – aber mir wenn einmal wers Kraut ausschütt, dann geh i auf wie a Dampfnudel in der Morgensonne!

Ja ja die Liebe!

Aus »Sonntag in der Rosenau«
von Liesl Karlstadt und Karl Valentin

*Musik: Und mild sang die Nachtigall ihr Liedchen in die Nacht –
Die Liebe, die Liebe ist eine Himmelsmacht.*

FANNY *mit Kinderwagen*:
Kein Wölkchen steht am Himmel
die Sonne brennet heiss
Dir wäre noch viel wärmer
wenn Du erst wüsstest, was ich weiss!

Du Kindlein in der Wiege
Du wächst und wirst ein Greis
du würdest gar nicht grösser
wenn Du erst wüsstest, was ich weiss!

Dös is eigentlich a saudumms Lied ---
ich weiss nämlich gar nix!

LINDL: Habe die Ehre!
FANNY: Jess, der Herr Lindl, sind Sie schon da, ich hab Ihnen gar nicht kommen hören!
LINDL: Vor lauter Singen.
FANNY: Singen kann man das nicht heissen. Ja, früher, da hab ich noch ganz hoch hinauf können.
LINDL: Was is denn des?
FANNY: Des – ein Kinderwagen werden S' wohl noch kennen!
LINDL: Ist er besetzt?
FANNY: Ja, meinen S', ich fahr die Windelchaisen leer spazieren?
LINDL: Bub oder Mädl?
FANNY: Ein Mädl is. Ein herzigs Pupperl, Franziska heissts wie ich!
LINDL: *(Räuspert sich)* Alter?
FANNY: Ahh – sieben Monat wirds, glaub ich.
LINDL: Sieben Monat. – Also Fasching?
FANNY: Sie können aber g'schwind rechnen!
LINDL: Hm --- und der Vater?

FANNY: *(Seufzend)* O mei, des is so a G'schicht!
LINDL: Aha.
FANNY: Mein Gott, Herr Lindl, Sie wissen doch, wie's auf der Welt zugeht!
LINDL: Wissen tu ich's schon, aber es passt mir durchaus nicht.
FANNY: Mir passt's ja auch nicht, aber wir können's nicht ändern und wenn wir uns auf den Kopf stellen zu zweit.
LINDL: Ein Hartschier stellt sich nicht einmal allein auf den Kopf. – Geschweige denn paarweise.
FANNY: Man redt ja nur. – Geh, setzen S' Ihnen nieder!
LINDL: Ich steh lieber.
FANNY: Sie sind aber heut komisch!
LINDL: Wundert Ihnen das?
FANNY: No ja, dass Sie Grundsätze ham –
LINDL: *(Scharf)* – eiserne! –
FANNY: Sehn S', grad das g'fallt mir so an Ihnen!
LINDL: *(Sehr verwundert)* So?
FANNY: Aber deshalb muss man nicht gleich über jeden Menschen den Stab brechen. Wenn Sie wüssten, wieviel schwache Stunden es in einem Menschenleben gibt – !
LINDL: Für einen Hartschier gibt's nur starke Stunden!
FANNY: Es kann aber nicht ein jeder Mensch ein Hartschier sein.
LINDL: Das wär furchtbar!
FANNY: Sie sag'ns selber! Schaun S', da is so a Mädl –
LINDL: Mädl is gut –
FANNY: Jawohl, nicht jede muss gleich ein Schlampen sein – also da is eine, die nichts vom Leben hat, und da kommt dann einer, der is fesch und redet ihr das Blaue vom Himmel runter und spielt den Kavalier hint und vorn und nach der zweiten Redoute glaubt sie an die grosse Liebe –
LINDL: Und dann ist er auf einmal fort, der Herr Kavalier, und das einzige, was er zurücklässt, schreit.
FANNY: Ja, es is schon sehr traurig.
LINDL: Traurig sagn Sie, eine Schand ist's – Frau Blasl, seit wann kennen wir uns?
FANNY: *(Etwas überrascht)* Seit Fronleichnam!
LINDL: *(Mit Vorwurf)* Jawohl, gute vier Monat. Es war ein sehr heisser Tag, ich bin neben den Hoheiten gegangen und Sie sind an der Perusagassen gestanden, in dem Blauseidenen und ham mich ang'schaut. Die ganze Prozession hernach hab ich nichts g'sehn mehr wie das Blauseidene und Ihr G'schau –

und ich hab gmeint, dass ich dem Schicksal persönlich begegnet bin.

FANNY: Mir war's genau so Herr Lindl!

LINDL: Und drei Tag später, wie ich das Bier hol beim Bauerngirgl zur Brotzeit für die Wach, hab ich Sie wieder getroffen.

FANNY: Ja ganz zufällig.

LINDL: Zufällig oder nicht, – – das ist eins. Wir haben Worte gewechselt –

FANNY: Ja, sehr schöne –

LINDL: Jedenfalls war ich leicht verwirrt. Der Schenkkellner hat's g'spannt und mir sofort schlecht eingeschenkt und ich hab's nicht gemerkt. Aber meine Kollegen!

FANNY: Das tut mir aber sehr leid!

LINDL: Sechs Brief ham mir uns geschrieben und dreimal sind wir noch miteinander ausgegangen, im Hirschgarten, zum Eberlbräu und zum Aumeister.

FANNY: *(Schwärmend)* Ja. Und zerst sind wir Schifferl g'fahrn am Kleinhesseloher See, und Sie ham mich ang'spritzt. Und wissen S' noch, der schöne Mond, der war glei so gross und das Reh, wie uns das ang'schaut hat?

LINDL: Damals ham Sie mir erzählt, wie Sie die saure Leber machen, mit viel Zwiebeln und den Krautsalat, leicht überbrüht mit heisse Speckbröckerln, stimmt's oder net?

FANNY: Ja das stimmt, und dass Ihnen die Rindssuppen vom Wadschenkel am liebsten ist, und dass Sie zur Schlachtschüssel partout keine Kartoffeln mögn, sondern Semmelknödeln, ich hab mir alles gemerkt!

LINDL: Ja, das waren schon sehr weitgehende Geständnisse!

FANNY: Dass ich Ihnen nicht zwieder bin, das hab ich gleich gspannt.

LINDL: Einen Moment, ich bin noch nicht fertig!

FANNY: Was ham's denn bloss?

LINDL: Das werdn S' gleich spannen. Frau Blasl, heut war ich zum Äussersten entschlossen. Es tät ja auch so schön stimmen. Sie eine respektable Witwe mit dem netten Hausstock und der Kramerei in der Mandlstrasse, ich, zur engsten Umgebung der Wittelsbacher gehörig mit Pensionsberechtigung, die gegenseitige Zuneigung wäre in genügendem Ausmass vorhanden, die Tauben könnten uns nicht schöner z'sammtragen –

FANNY: *(Gerührt, fast mit Tränen)* Ja das is wahr!

LINDL: Kurz und gut, ich war entschlossen, Ihnen an diesem schö-

nen Sonntag und quasi auf königlichem Ärar meine Hand fürs Leben anzubieten –
FANNY: Oh!
LINDL: Und jetzt hocken Sie da mit einem g'füllten Kinderwagl!
FANNY: Aber das Kind schlaft ja, das braucht uns doch gar nicht geniern!
LINDL: Ja, wie redn denn Sie?
FANNY: Ja, mögn Sie Kinder net?
LINDL: Ja, verstehn Sie denn nicht, in einem solchen Augenblick so was?
FANNY: Mei, wenn ich dös gewusst hätt, dass Sie des Wuzerl so geniert, hätt ich's natürlich daheim lassen!
LINDL: Jetzt weiss ich nicht, sind Sie bloss dumm oder auch raffiniert?
FANNY: Ja, wie reden denn Sie mit mir?
LINDL: Wie man redt mit einer ehrsamen Witwe, der ein halbseidener Kavalier nach der zweiten Redoute durchgeht und die sich dann g'schwind beim Umgang einen Hartschier anlacht!
FANNY: *(Aufstehen)* Mich trifft der Schlag, das Kind ist doch nicht von mir – das g'hört meiner Näherin, die ist bei mir auf der Stör, ein Brautkleid macht's mir, und weil das Kind den ganzen Tag noch nicht an der frischen Luft war, hab ich's mitgenommen, und jetzt glauben Sie --- Oh, Sie sind ein schlechter Mensch. ---
LINDL: Oh, ich Rindvieh! ---
FANNY: *(Noch weinend)* Und das soll Liebe sein! Mir sowas zutraun! –
LINDL: Ich g'hör degradiert!
FANNY: *(Springt auf)* Ich geh ins Wasser!
LINDL: *(Packt sie, sehr laut)* Fanny, mach mich nicht unglücklich!
FANNY: *(An seiner Brust schluchzend)* Oh, Schorsch! *(Umarmung)* *(Kind schreit)*
FANNY: So jetzt hast's Kind aufg'weckt! – Warum hast'n auch a glei a so schrein müssen!
LINDL: Eigentlich hätt' ich noch viel lauter schrein müssen, so freut's mich!
(Kind schreit)
FANNY: Geh, lass mich aus jetzt, die Kloa is g'wiss nass! Ja was iserl denn, is das Butzi aufdewacht, hat der böse Mann wu-wu demacht. Aber na, net fürchten, böser Mann ist wieder danz brav!
LINDL: Schön wie Du das kannst!
FANNY: Dös werdn wir gleich ham! Mei, die schwimmt ja! Ah so ein

Suckerl. Da, hebs, bis ich an Wagen g'richtet hab. Aber lass bloss nicht fall'n. ... – Wie Du dastehst, ein Bildl zum Malen!
LINDL: Ja jetzt müsst er mich seh'n!
FANNY: Wer?
LINDL: Der Prinzregent!
FANNY: Der tät Dich sofort befördern!
LINDL: Oder Pensioniern!
FANNY: Halten tust du's wie an Masskrug!
LINDL: Den bin ich halt mehr g'wohnt.
FANNY: Gibs her, ich bin fertig --- So, Schnucki, jetzt san mir wieder ganz trocken. Ja, und wo is denn der Dutzi? – Jetzt ham mir an Dutzi verloren. Da is er! Dutzi, Dutzi – Da da da da!
LINDL: Sichst, jetzt g'fallts mir selber!
FANNY: Ja, jetzt! Aber das meine wenn's wär!
LINDL: Vielleicht tät ich mich mit der Zeit dran gewöhnen!
FANNY: Aber so ist's Dir doch lieber?
LINDL: Ich sag gar nichts mehr!
FANNY: So – und dabei hättst doch noch feierlich um meine Hand anhalten wolln!
LINDL: Fanny, mir ist der Hals wie ein Reibeisen auf den Schreck nauf. Weisst was?
FANNY: Was?
LINDL: Geh'n wir zum Chinesischen Turm. Nach der ersten Mass san mir verlobt und nach der dritten –
FANNY: Bist Du bsoffen!
BEIDE: *gehen ab, sie schiebt den Kinderwagen, er legt seinen Arm um sie und tätschelt sie auf den Hintern.*

Musik: Und mild sang die Nachtigall ihr Liedchen in die Nacht! Die Liebe, die Liebe ist eine Himmelsmacht.

Requisiten:
Bank
Kinderwagen mit Betterl
Baum
Kindergeschrei
Kind
Windeln
Schnuller
nasser Schwamm
Strickzeug

Kostüm:
  Blauseidenes Kleid
  Hut
  Handschuhe

  Hartschier Uniform
  Hartschier Helm
  Weisse Handschuhe.

Betrifft Ansager: Der Sketch spielt in der Zeit, in welcher Bayern noch ein Königreich war. Unser damaliger Prinzregent Luitpold hatte eine Leibwache, die sogenannten Hartschiere. Und jetzt erleben S' eine kleine Scene aus der damaligen Zeit so um 1900 herum. –
Auf einer Bank im Englischen Garten treffen sich ein Hartschier und eine Müncher Witwe zu einem Stelldichein.

Warum, weshalb, wieso?*

Karlstadt: *(im Hereinkommen)* ... ja zunächst einmal herzlichen Dank für Ihre Einladung, das freut mich schon sehr, dass ich dieser Sendung persönlich beiwohnen kann. Hoffentlich haben Sie nichts dagegen, dass ich einen Vetter von mir mitgebracht habe, unsern Alois, wissen Sie, da[s] ist ein Rundfunkschwärmer, besonders für die Musik schwärmt er, er versteht zwar nichts davon, aber interessieren tut er sich kollosal dafür – komm Alois, sag' doch auch was!
Alois: Warum?
Karlstadt: Immer fragst Du Warum – oder weshalb – oder wieso.
Alois: Ja, weil ich mich vorläufig noch nicht auskenn'.
Karlstadt: Könnten wir vielleicht ein Programm haben?
Sprecher: Ja, selbstverständlich, hier bitte.
Karlstadt: Ah, da schau, Alois, das ist ein reichhaltiges Programm und beginnen tuts mit dem Anfang.
Sprecher: Natürlich, mit dem Schluss können wir nicht beginnen, sonst wären wir ja zu früh fertig.
Karlstadt: Schau, Alois, da drüben, in dem anderen Raum, da durchs Fenster, die vielen Leute, das sind die Musiker. Die spielen jetzt dann »Frisch und munter«.
Alois: Hoffentlich schlafens nicht dabei!
Karlstadt: Nein, Du hast mich falsch verstanden. Das erste Musikstück heisst »Frisch und munter« von Heinz Gerlach und dann kommt der Hans Markus – da schau der lacht auch schon mit'm ganzen Gesicht.
Alois: Warum – weshalb ......
Karlstadt: weils halt ein junger Mann ist, der durch die Welt geht und dem niemand die gute Laune rauben kann, nicht einmal der Gerichtsvollzieher und das will schon was heissen.
Alois: Was, der auch nicht? wieso?
Karlstadt: Was, warum, weshalb, wieso, jetzt frag net immer. Pass auf, dann wirst es schon hören.
Musik: 1. Frisch und munter von Heinz Gerlach   3'00 Wachs

---

* Zwischenansagen von Liesl Karlstadt und Karl Valentin für eine Rundfunksendung am Dienstag, den 7. Juli 1942.

2. *Warum, weshalb, wieso aus »Unvollkommne Ehe« von Albrecht Nehring* 1'15 *Original*

KARLSTADT: Ja, die jungen Leut ...
ALOIS: Ja, die Jugend, die stürmende Jugend!
KARLSTADT: Da geht alles im Galopp, da brauchst Dich bloss amal, wenn die Schule aus ist, vor eine Eisdiele stellen und rufen: »Wer zuerst bei mir da ist, der kriegt ein Eis.« Dann sollst amal sehen, wie die sausen. In dem Tempo kommt nicht einmal unser Unterhaltungsorchester mit seinem Galopp mit.

Musik: 3. Stürmende Jugend, (Galopp) von Ernst Eggerth
     2'30 *Original*

3

ALOIS: Schlechte Laune kenn ich nicht.
KARLSTADT: Warum, weshalb, wieso?
ALOIS: Gell, jetzt fragst Du auch!
KARLSTADT: Na, ja, wenn Du so dumm daherredest. Wie könnte man denn da eine schlechte Laune haben bei dieser flotten Musik.
ALOIS: Nein, jetzt hast Du mich falsch verstanden. Ich hab ja keine schlechte Laune – genau wie der Willi Richartz.
KARLSTADT: Was weiss denn ich von Deinen Bekannten.
ALOIS: Den kenn ich ja garnicht – den hab ich bloss jetzt im Programm gelesen. *(liest)* Herma Matus singt: Schlechte Laune kenn ich nicht von Willi Richartz.
KARLSTADT: Jaaaaa, ist das *der* Willi Richartz, der die schlechte Laune komponiert hat? – Ah, drum ist der immer so gut aufgelegt!
ALOIS: Warum? Kennst'n denn Du?
KARLSTADT: Warum, weshalb und wieso, *soll* ich ihn denn kennen ...
SPRECHER: Ja, aber Liebe Lisl Karlstadt, das geht zu weit, das können Sie ja nachher mit Ihrem Alois besprechen. Wir wollen jetzt Herma Matus hören und anschliessend den Optimisten Walzer von Nico Dostal.
KARLSTADT: Weil Sie grad von Optimist reden, können Sie einen Satz bilden mit Optimist?
SPRECHER: Nein, das kann ich nicht, dazu haben wir jetzt keine Zeit.
KARLSTADT: Schade.

Musik: 4. Schlechte Laune kenn ich nicht, von Willi Richartz
     2'30 *Wachs*
     5. *Optimisten, (Walzer) von Nico Dostal*   5'00 *Original*

4

ALOIS: Jetzt wars so lustig, aber jetzt kommt was trauriges. Verlassen bin i.
KARLSTADT: Das ist doch ein schönes Volkslied und ausserdem ist das nicht so schlimm, denn zwei junge Leut sind nie verlassen.
ALOIS: Wieso?
KARLSTADT: Weils doch im Leben *immer* so ist. Wo ein Dirndl ist, ist auch der Bua nicht weit.
[...]
oder wies in unserem Ländler von Hans Lang heisst: »Unterm Fensterl steht a Bua[«].
Musik: 6. Verlassen bin i von Thomas Koschat 2'00 Wachs
7. Unterm Fensterl von Hans Lang 2'10 Wachs

5

ALOIS: Das war ein schneidiger Ländler!
KARLSTADT: Da kann man sich direkt vorstellen, wie der Mond scheint und der Bua mit der Leiter kommt, nauf steigt und ans Fensterl klopft......
ALOIS: I steig nimmer nauf.
KARLSTADT: Warum? Hast schlechte Erfahrungen gemacht in Deiner Jugendzeit.
ALOIS: Ja, i hätt bald Prügel kriegt vom Bauern.
KARLSTADT: A, damals! – Sie Herr Dings – ich muss nochamal zurückkommen. Fällt Ihnen jetzt immer noch kein Satz ein mit Optimist?
SPRECHER: Weshalb, wieso?
KARLSTADT: Wenn einer mit der Leiter zum Fensterln geht, muss er sich immer überzeugen »Ob die Mistbrüh« nicht in der Nähe ist!
SPRECHER: Ja, da kann man allerdings nur sagen: Gib Obacht!
Musik: Gib Obacht (Fox) von Ernst Fischer 2'30 Original

6

ALOIS: Schau einer schönen Frau nicht zu tief in die Augen.
KARLSTADT: Ja, ich habs auch grad gelesen, das ist ein Schmarren. Dös passt *auch* nicht immer.
ALOIS: Warum?

KARLSTADT: Na ja – z. B. ein Augenarzt, der muss ja tief in die Augen schauen, sonst weiss er nicht, was los ist.
ALOIS: Ja, vielleicht ist da garkein Augenarzt gemeint!
KARLSTADT: Das is[t] entweder möglich oder nicht möglich. Wir werdens ja hören.
Musik: 9. Schau einer schönen Frau nicht zu tief in die Augen aus der Operette »Maske in Blau« von Fred Raymond 3'00 Original

7

KARLSTADT: Das scheint mit einem Augenarzt wirklich nichts zu tun zu haben.
ALOIS: Nein, das war was von der Liebe.
KARLSTADT: Wenns um die Liebe geht, das merkst Du gleich. Du wirst auch nimmer vernünftig. Immer träumst Du von der Liebe.
ALOIS: Bei mir heisst's: wenigstens im Traum will ich glücklich sein.
KARLSTADT: Ja, so heist's auch im Programm!
Musik: 10. Nur im Traum will ich glücklich sein von Ernst Kalthof-Mauz 5'30 Original.

8

ALOIS: O mei, o mei, ist dös umständlich. I lass mich halt in der früh durch den Wecker wecken.
KARLSTADT: Wieso, warum, Ich auch.
ALOIS: Ich sag nur, weil da steht: warum hast Du mich wachgeküsst.
KARLSTADT: Geh, bist Du ein ungebildeter Mensch, das ist doch das schöne Lied, von Franz Lehar, gesungen von Ella Nikolaus.
ALOIS: Ja so, das ist etwas anderes.
KARLSTADT: Und der Herr Michalski ist auch ein rechter Schlankel. Liebesspiele von Friedrich Wilhelm Rust spielt er als nächstes Stück. Passt gut zusammen! – Wachküssen und Liebesspiele – sauber!
Musik: 11. Warum hast Du mich wachgeküsst, aus der Operette »Friederieke« von Franz Lehar 3'30 Original
12. Liebesspiele von Friedr. Wilh. Rust 7'00 Original

9

KARLSTADT: Da hast Dus wieder gehört: Liebe und Musik gehört ja zusammen.
ALOIS: Warum, weshalb, wieso?
KARLSTADT: Das ist doch ganz klar! Weil man durch die Musik seine Gefühle so schön ausdrücken kann.
ALOIS: Ja, die Musik geht aufs Gemüt.
KARLSTADT: Wie schön ist es z. B. für ein Mädchenherz, wenn ihr ein Ständchen dargebracht wird.
ALOIS: Ich hab noch nie ein Ständchen gespielt oder gesungen.
KARLSTADT: Ja, von Dir verlangt man das auch garnimmer. D[a] sind schon andere da, die das viel besser machen. Jetzt hör Dir einmal den Franz Mihalovic an mit seinen Solisten und nachher den Hans Markus, dann kriegst vielleicht einen Begriff wie man einem Mädchen ein Ständchen bringt, dann siehst Du wie Du es hä[tt]st machen sollen vor 40 Jahren.
ALOIS: No, no gar so lang ist dös noch nicht her. I wär immer noch eine ganze gute Partie.
KARLSTADT: Jetzt sei still und pass auf.
Musik: 13. *Ständchen von Gerhard Winkler* 3'30 *Wachs*
  14. *Romanze aus »Mädels vom Rhein« von Rudolf Karrnigg* 3'00 *Original*

10

KARLSTADT: Na, was *sagst* jetzt dazu?
ALOIS: Ja, ja ganz schön, aber das liegt mir nicht so. Jetzt kommt ein Gebiet, da bin ich mehr daheim – Auf dem Tanzboden. So einen schneidigen Schuhplattler oder Zwiefachen den könnt' ich heut noch hinlegen, das alles schnackelt.
KARLSTADT: Ah, das ist schon was schönes, wenns Dirndl sich so dreht und die Burschen mit den gnagelten Schuhn stampfen, dass alles kracht, *das* wenn mal amal erlebt hat, vergisst man so schnell nimmer. Da gib[ts] nur ein Wort dafür: zünftig.
Musik: 15. *Bayerischer Han[sl] (Zwiefacher) von Franz Jos. Breuer* 3'00 *Original*

11

Alois: Jetzt wär eine Pause recht.
Karlstadt: Warum, weshalb?
Alois: Weil da was von Dampfnudeln steht.
Karlstadt: A geh, Du denkst immer nur ans Essen. Das ist doch nicht die Speiskarten, die'st in der Hand hast. Das ist doch das Programm. Jetzt kommt ein Bayerisches Volkslied, gesungen und gespielt von den Tegernseern Musikanten und das heisst: Dampfnudellied.
Musik: 16. Dampfnudellied, Volkslied 2'13 *EA*

12

Alois: Ja, w[e[rs verträgt. Ich könnt' nicht so oft Dampfnudeln ess[en] mir liegens leicht im Magen.
Karlstadt: Da ist schon vorgesorgt. Für diesen Fall gibt es jetzt Spritzkuchen! Ganz besonders leicht und bekömmlich hergestellt und angerichtet von der Firma Willi Hans Jansen und Sextett[.]
Musik: 17. Spritzkuchen (Galopp) von Heinz Mietzner 3'00 *Wachs*

13

Karlstadt: Das war eigentlich ein recht netter nachmittag da herinnen. So eine Stunde voller Übermut und Frohsinn tut einem recht gut.
Alois: Schad, dass schon bald gar ist. Was kommt denn noch alles.
Karlstadt: Warum? weshalb schaugst denn net selber ins Programm?
Alois: Ja so, natürlich. Also das Unterhaltungorchester spielt:
Karlstadt: Und ein Duett wird gesungen, wieder von der Jugend: Frei und jung dabei aus der Operette »Schön ist die Welt!« von Franz Lehar.
Musik: 18. Übermut und Frohsinn aus der Suite »Lebensgeister« von Willi Czernik 4'00 *Original*
    19. Frei und jung dabei aus der Operette »Schön ist die Welt« von Franz Lehar 3'00 *Original*

14

ALOIS: Ja, die Welt ist schön, wenn man jung ist. Aber ich mit meinem alten Kopf.
KARLSTADT: Das spielt keine Rolle, auf den Kopf kommts nicht an. S'Herz muss jung sein, der Mensch ist nur so alt wie er sich fühlt. Wer das erfasst hat, der hat die ewige Jugend.
ALOIS: Du wirst ja noch direkt poetisch. Wo Du nur das her hast.
KARLSTADT: vom Peppi Wetzel.
ALOIS: Warum, wer ist denn das?
KARLSTADT: Da im Programm! Ewige Jugend, Walzer von Peppi Wetzel.
Musik: 20. Ewige Jugend von Peppi Wetzel   7'00 Original

15

SPRECHER: *(flüstert unverständliche Worte)*
KARLSTADT: Warum, weshalb?
ALOIS: Wieso?
KARLSTADT: Was, schon gar ist's, nur noch ein Stück? Ja dann wollen wir Sie nicht mehr länger aufhalten, wenn Sie den Raum für eine Probe brauchen. Das ist ja schad. Aber meistens ist halt so, dass am Schluss immer gar ist. Aber eines kann ich Ihnen versichern, gell Alois, froh und heiter wars.
Musik: 21. Froh und heiter von Carl Michalski   3'00 J. Pl.

Ich und ...

Alte Münchnerinnen
Notizen für ein Interview

Schwabing Zieblandstr. geboren.
Die erste Erinnerung an meine Kinderzeit ist eine Puppe mit echtem Haar u. Porzellankopf lag unterm Christbaum. Mein grösserer Bruder nahm sie mir aus der Hand u. warf sie zur Decke – die grosse Freude hat also nicht lange gedauert.*

In die Schule bin ich mit Begeisterung gegangen – brachte auch durchwegs lauter einser mit nachhause.

Wie bescheiden sind wir doch damals aufgewachsen. In der Vorweihnachtszeit hat uns die Mutter Geschichten erzählt – am Sonntag gabs einige selbstgebackene Weihnachtsplätzchen u. manchmal wenn ich recht brav war, durfte ich mir für 10 Pfennig ein Stück Girafftorte kaufen, was meine Leibspeise war. Immer dachte ich mir dabei, wenn i amal gross bin – kauf ich mir eine *ganze* Girafftorte. Aber später änderte sich mein Geschmack.

Zur Firmung durfte ich mit meiner Patin zum 1. mal mit der Dampftrambahn nach Nymphenburg in die Gaststätte »Controlor« fahren.

Als ich aus der 8. Klasse entlassen wurde, hab ich mich freiwillig beim nächsten Einschreiben gemeldet – denn ich wollte unbedingt noch weiter in die Schule gehn. Das wurde mir zu meinem grössten Leidwesen nicht genehmigt – weil ich in die Lehre musste. So kam ich als Lehrmädchen zur Firma Eder u. später als Verkäuferin ins Kaufhaus Tietz (heute Hertie am Bahnhofsplatz).

Im Bamberger Hof in der Neuhauserstrasse sah [ich] die erste Volkssängertruppe, »Schnackl Franz« genannt u. sah so begeistert der Vorstellung zu, dass mich der Direktor der Truppe fragte, ob ich nicht Lust hätte zur Bühne zu gehen, da er gerade eine Anfängerin benötigte. Nach einem schweren Auftritt zuhause mit dem Vater, kündigte ich bei Tietz u. kam als Anfängerin u. jugendliche Soubrette zu der Truppe, die vom Bambergerhof in den *Frankfurter Hof in der Schillerstrasse* engagiert wurde.

Dort lernte ich Karl Valentin kennen. Ich trat im Flitterkleid als Soubrette auf u. war stolz auf meine Leistung, bis Karl V. eines

---

* Dieser Absatz ist im Originaltext gestrichen.

Tages zu mir sagte: Wissens Frl. für eine Soubrette san Sie viel zu mager – a fesche Soubrette muss in erster Linie an Busen haben. Damals war das ja grosse Mode. Und da hat mir K. Val. empfohlen, ich soll mich auf das komische Fach verlegen – das wäre für mich das Geeignetste.

Ich war zuerst tief beleidigt – hab mirs aber dann doch überlegt u. den Rat Karl Valentins angenommen.

Wir dachten uns als erstes gemeinsam eine Tiroler Sängertruppe Scene aus – hatten grossen Erfolg damit u. das war der Anfang zu unserer langjährigen Partnerschaft.

Wir sind von da ab in allen Münchner Kabaretts Serenissimus – Benz – Germaniabrettl u.s.w. aufgetreten – auch in den Varietes – Blumensäle, Kolosseum u. später im Deutschen Theater.

Dazwischen holte uns Bert Brecht im Auftrage von Direktor Falkenberg an die Kammerspiele in der Augustenstrasse.

In einer Nachtvorstellung brachten wir als Premiere unseren Sketch »Das Christbaumbrettl« heraus – u. bald darauf unser 2 aktiges Stück »Die Raubritter vor München«.

K. Valentin war der Wachtposten u. ich der Trommlerbub, der den eingeschlafenen Posten wecken muss, wegen der herannahenden Raubritter – u. als sich K. Valentin vor Angst nicht über die Stadtmauer schaun traute – hab ich gsagt zu ihm: Jetzt traut er sich nicht, der Schiesser – da hatten wir Bedenken, ob man dieses Wort in den feinen Kammerspielen sagen dürfte. Worauf Herr Falkenberg antwortete: Aus Ihrem Munde klingt sogar *dieses* Wort wie ein Hosiana.

Viele Jahre hindurch musste ich auswärtige Gastspielangebote abschreiben, weil K. Val. so entsetzliche Angst vorm Reisen, Bahn u. Auto ghabt hat – u. das war der eigentliche Grund, dass wir München so treu geblieben sind.

Das alte Sendlinger Kirchlein

Tausende und Abertausende gehen wöchentlich an dem altehrwürdigen Kirchlein vorbei, das von der Sendlingerhöhe herunterblickt auf die Lindwurmstraße. Die Strassenbahn macht vor dem Kirchlein halt und doch hat sich schon seit langem niemand so recht seiner angenommen. Eine Persönlichkeit, die sich sonst eigentlich nur mit Humor beschäftigt und die auf diesem Gebiete von ganz München anerkannt ist: Liesl Karlstadt, beweist nun in einer Zuschrift an uns, dass sie sich nicht bloss mit Komik beschäftigt, sondern auch in ernster Art den Münchnern ins Gewissen zu reden versteht. Liesl Karlstadt schreibt uns nämlich über »Das alte Sendlinger Kirchlein«:

Verwahrlost, verlassen und halb verschollen steht sie da, die alte Sendlinger Kirche. Doch nicht vergessen von vielen Münchnern, denen noch etwas liegt an alten, ehrwürdigen, vergangenen Zeiten, an Zeiten, die an alles erinnern, was Bayerntreue zum Vaterland geleistet hat. Gerade die Sendlinger sollen diese historische Kirche und deren Friedhof, in welchem viele Hunderte tapfere Helden, die in der Christnacht 1705 ihr Leben opferten, begraben sind, besser in Ehren halten, als das sichtbar der Fall ist. Für die neu erbaute St. Margaretenkirche war den wohlhabenden Sendlingern kein finanzielles Opfer zu gross, diese moderne Riesenkirche erstehen zu lassen. Von der Neuinstandsetzung des alten Kirchleins will jedoch keiner etwas wissen. Haben denn die Sendlinger Neureichen, deren es doch so viele sind, nicht ein bisschen Interesse daran, das idyllisch gelegene Kirchlein mit dem wertvollen Meistergemälde Lindenschmits wenigstens so weit in Stand setzen zu lassen, dass sich die Pforten des Kirchleins für den allgemeinen Besuch wieder öffnen? Oder sollte das alte Kirchlein dasselbe Ende nehmen, wie schon so vieles andere Schöne in München?

Vielleicht erhebt sich in Bälde auf dem grünen Hügel statt dem alten Sendlinger Kirchlein – ein modernes Grosskino – ein neuzeitliches Postgebäude – oder gleich gar eine moderne Tanzdiele? – O traurige Zeit!

Aufsatz aus der »Münchner Zeitung« vom 4. Dezember 1922

Münchner Porträts
Liesl Karlstadt als »Kameliendame«

Können Sie sich das vorstellen? Gelt – da müssen Sie lachen!«, sagt Lisl Karlstadt kreuzfidel. »Ich habe aber tatsächlich die ›Kameliendame‹ gespielt. Im Blütenalter von achtzehn Jahren beim Oberottlbräu in Sendling. Ich war damals wohlbestalltes Mitglied der »Münchner Volkssänger«. Diese erfreuten sich in gewissen Kreisen eines guten Ansehens. Wir gastierten allabendlich vor einem begeisterten und stets zu Tränen gerührten Publikum in einem anderen Münchner Bräu. Nannten das »ambulant« spielen. Unser Repertoire bestand aus den herrlichsten klassischen Stücken, die natürlich grauslich zusammengestrichen waren. So ein Abend hatte nämlich ein »buntes Programm«. Da mußte ich meist neben der Kameliendame oder der Luise Millerin noch jodeln oder als Soubrette auftreten. Meine Bühnenlaufbahn hab' ich als Soubrette begonnen. Sie fragen, ob ich als Kind schon fleißig Theater gespielt hätt'? Keine Spur. Schullehrerin hab' ich werden wollen. Ich kam aber dann als Verkäuferin ins Warenhaus Tietz. Mein Vater war Bäcker. Und wir Kinder mußten früh verdienen. Gute Bekannte haben mich eines Tages auf meinen Humor aufmerksam gemacht. Ich war damals immer Stammgast bei den Volkssängern. Und bekam schließlich Lust, selbst dazu zu gehen. Juhuhui!« Lisl Karlstadt jodelt vergnügt und pianissimo. Sie sitzt in der Garderobe des Apollotheaters, umgeben von Perücken, Schminkkästen und Grammophonplatten, und schminkt mit liebevoller Aufmerksamkeit das männliche und weibliche Statistenpersonal, das Karl Valentin und ihr in der köstlichen Szene »Beim Photographieren« assistiert. »Sie möchten auch wissen, wie ich Karl Valentin kennen lernte? Eines schönen Tages, als ich irgendwo in einer Soubrettenrolle gastierte, kam ein langer Mensch hinter die Kulissen und sagte lakonisch: ›Aus Ihnen wird nia a Soubrette!‹ Ich war tief gekränkt. Da fügte er wohlwollend hinzu: ›Gehen S' doch zu die Komiker!‹ Schließlich engagierte er mich als Partnerin. Wir verstehen uns glänzend. Sind ja beide Münchner Kindln. Er ist aus der Au. Ich bin aus Schwabing. Also Bohème-Einschlag!« Die Lisl lacht. »Die Zeitungen haben bis dato nur über ihn geschrieben und mich total vergessen. So freut es mich doppelt, daß die ›SS‹ an mich denkt. Was könnte ich der Welt noch anvertrauen? Warten Sie –«, sie furcht in drolligem Nachdenken die Stirn. »Sie meinen Zukunftspläne? Ja – Karl Valentin und ich schreiben jetzt *ein neues Stück zusammen: ›Im Schallplattenladen‹.* Dort hört Valentin unter anderem höchst mißbilligend seine eigenen Platten an. Ich glaube, die Sache wird amüsant. Wir bringen sie demnächst in den Kammerspielen des Münchner Schauspielhauses zur Aufführung.«

Irene Sack

Interview mit Liesl Karlstadt in der »Süddeutschen Sonntagspost« vom 24. März 1929

Sorgen am Krankenbett
Die »Sonntagspost« bei Liesl Karlstadt

Im dritten Stockwerk, in einem der wenigen in der Maximilianstraße stehengebliebenen Häusern, wohnt *Liesl Karlstadt*. An der Tür ist ein blankes Messingschild mit der Aufschrift *Elisabeth Wellano*. Darunter stehen klein die zwei Buchstaben L. K., die Abkürzungen des Pseudonyms der gefeierten Münchner Künstlerin. Im Schlitz des Briefkastens klemmt ein Zettel: »Bin um elf Uhr wieder zurück, Alli.« Alli ist die um zehn Jahre jüngere Schwester von Liesl. Sie führt den Haushalt und pflegt ihre »große Schwester«, die seit sechs Wochen an einer Lungenentzündung erkrankt ist.

Nachdem wir eine Stunde auf der Treppe gewartet haben, kommt »Alli«, bepackt mit Kartoffeln, Gemüse und Mohnweckerln (die mag die Liesl so gern). Als sie hört, daß wir von der »Sonntagspost« sind, werden wir freundlich mit hineingenommen und müssen nur einen Augenblick warten, dann dürfen wir in das Schlafzimmer der Kranken.

»Sie wissen gar nicht wie ich mich *g'freut hab*, wie ich die *Sonntagspost* g'sehn hab. Glei *gsünder* bin i wordn.« Und dann erzählt sie von ihren Sorgen, denn auch eine Humoristin hat nicht immer was zum Lachen. »Wissen S', auf der Bühne, da hab i halt die Schneid, aber nachher is alles wieder vorbei und i muß mich ehrlich plagen. Gschenkt krieg i a nix. Glei nach der Währung haben sie mir mei Gage *runtergsetzt* auf fufzig Prozent, weil die Eintrittspreise auch niedriger wordn sind. Wie nachher die Preis wieder in die Höh' sind, hat die Stadt das Versprechen, das sie mir gebn hat, wieder *vergessn*. Jetzt hab ich meine Forderung meinem Anwalt übergeben und hoff, daß mich die Stadt München net im Stich laßt, sonst muß i hungern oder wieder zum Tietz als Verkäuferin gehen. Als ich als siebzehnjähriges Mädl vom Tietz, wo ich Verkäuferin der Kurzwarenabteilung war, weggangen bin, sagte mir der Personalchef, I soll wieder kommen, wenn es mir amal schlecht geht im Leben.«

Kurz vor ihrer Krankheit spielte Liesl Karlstadt die Rolle einer Verkäuferin in einem Kramerladen in dem Verhoeven-Film »Du bist nicht allein«, der in Geiselgasteig gedreht wurde. Frau Karlstadt bedauert, daß nur alle sechs Jahre ein Film gedreht wird, in dem man sie brauchen kann. Ihr Geldbeutel hat den Zuschuß nötig.

Im Krankenbett sitzend erzählt Liesl Karlstadt von ihrem Leben und ihren Plänen. Sie erinnert uns an »die gute alte Zeit« und glaubt, daß nun, da es wieder eine »Sonntagspost« gibt, wieder ein Stück aus der glücklicheren Vergangenheit Wirklichkeit geworden ist. Leider aber fehlt ihre »Bessere Hälfte«: *Karl Valentin.* »Grad vor einem Jahr ist er g'storben, an der gleichen Krankheit, von der ich mich grad erhol. Bei mir hats net ganz zum Himmel greicht. Nicht einmal zu dem ›Veruntreuten Himmel‹, den Hellberg im Dramatischen Theater nach dem Buch von Franz Werfel aufführen wollte. Ich hatte bereits abgeschlossen und sollte die Rolle der tschechischen Köchin spielen. Der Münchner Radio beabsichtigt eine ständige Sendung mit mir als ›Tante Minna‹, aber das ist noch nicht endgültig.«

Liesl Karlstadt war nie verheiratet, und als wir sie fragen, ob Karl Valentin in ihrem Leben einmal mehr war als ihr Partner, antwortet sie, daß sie zu Valentin gehörte und daß er eine Heirat nie zugelassen hätte. Fünf- oder sechsmal war es soweit, aber Valentin sagte ihr, er würde jeden auf dem Standesamt erschießen und ihr für die Zukunft Scheuklappen an die Augen machen. So blieb sie denn alleine. Alleine mit dem Andenken an ihren großen Kollegen. Stolz zeigt sie uns ein winzigkleines Puderdöschen, nur so groß wie ein Pfennigstück, das ihr Valentin einmal selbst *drechselte.*

Bilder, auf denen sie gemeinsam mit Valentin zu sehen ist, hat sie keine mehr. Sie sind alle in Planegg, wo sie von der Tochter Valentins verwahrt werden. Auf die Fotografen schimpft Liesl Karlstadt, sie sind die »charakterlosesten Menschen«, die sie kennt. Alle wollen Bilder von ihr machen, aber keiner schickt ihr welche. »Mir tut die Haut schon weh vor lauter Fotografieren«, sagt sie und reicht uns trotzdem eine ganze Kiste voller Bilder, aus der wir das heraussuchen, welches uns Liesl Karlstadt so zeigt wie sie heute aussieht. Ein liebes Gesicht *voller Sorgen um die Zukunft.*

Slawik

»Süddeutsche Sonntagspost« vom 12. Februar 1949

Karlstadt Liesl
am 12. Dezember geboren ··· als Elisabeth Wellano!

Karlstadt Liesl, am 12. Dezember, an einem Donnerstag geboren und zwar als Elisabeth Wellano! Noch dazu in Schwabing! Sie fing bei den Münchner Volkssängern als Soubrette und Liebhaberin an. Gar bald entdeckte sie Karl *Valentin*, mit dem sie zusammen viele Einakter und Duo-Szenen schuf, und im Laufe der Zeit wurden die beiden sogar über die Grenzen Altbayerns hinaus bekannt und beliebt. Rudolf Bach erzählt in seinem Buche »Die Frau als Schauspielerin« die kleine Geschichte: »Als ich Valentin einmal wegen der unübertrefflichen Echtheit der Ensemble-Szenen, des Bühnenbildes, des ganzen Milieus in der ›Rosenau‹ meine Bewunderung sagte, antwortete er mir: ›Wissens, dass dös was wird, dös macht d'Fräulein Karlstadt. I könnt dös net, i wär viel z'nervös dazu.‹ In diesem kameradschaftlichen Bekenntnis ward mir der ganze Sinn und Wert dieses einzigartigen Bündnisses bewegend deutlich.«

Seit vielen Jahren sieht man »die Karlstadt« auf verschiedenen Münchner Bühnen und hört sie im Rundfunk.

N.B. Wenn es angängig ist, kann man noch vermerken, daß ich passionierte Bergsteigerin bin.

Abschrift für das Buch »Köpfe in Altbayern«

Ich und der Film

Zu dem traurigen Kapitel Heimatfilm kann ich leider (oder Gott sei Dank!) nur sehr wenig sagen, weil ich erst bei drei von solchen Filmen dabei war. Das war in dreißig Jahren alle zehn Jahr einmal: bei Seitz, bei Ostermayr und bei Stöckel. Die Herren, die solche bayrischen Heimatfilme produzieren, halten mich entweder für eine Nachwuchsschauspielerin oder für eine hochdeutsche Salondame, weil ich nicht so gschert bin, wie sie gern möchten. Deshalb hab' ich mir jetzt a kloans Biachl kauft, »1000 Worte Bayerisch«, da stehn die ganzen Flüche und Kraftausdrücke drin, die man für einen »zünftigen« Heimatfilm braucht. Wenn ich die glernt hab', meld' ich mich wieder bei einer Filmfirma.

Bei den »Münchnerinnen« und beim »Brandner Kaspar«, wo ich gern dabeigwesen wär', war ich leider nicht dabei. Meine letzte Erfahrung war der Hofbräuhausfilm, wo ich die Wirtin gspielt hab'. Wie der gedreht wor'n is', hat mich gleich eine dumpfe Ahnung gepackt und i hab' gsagt: wenn die Bayern in dem Film nur nasenbohrn und kammerfensterln, wenn s' wieder so saufen, raufen und fluachen und sich gegenseitig mit »Rindvieh« und »Dreckhammel« titulieren, da mach i net mit. Da verzicht' i liaber auf mei Gage! Aber erstens kommt es anders, zweitens als man denkt. Trotz der Zusicherungen ham's aus den Bayern wieder a Karikatur gmacht, an Hanswurscht'n für die preußischen Zaungäste. Gleich wie ich's erste Mal mein' Mann, dem Hofbräuhauswirt, auf der Hofbräuhausterrasse das Frühstück serviert hab', war er betrunken. Daß a Wirt an Rausch hat, kann ja einmal vorkommen, aber dann hab' ich zu meinem Entsetzen gemerkt, daß der Kerl laut Drehbuch dauernd bsoffen war!

Nix gegen die Österreicher, die den Film gedreht haben. Das waren lauter nette und zuvorkommende Menschen, aber die Freunde, die ich durch den Film verloren hab', kann mir leider niemand ersetzen. Manche haben mich so angschaut, daß ich mich am liebsten in ein Mausloch verkrochen hätt'. »Ja, Frau Karlstadt, was haben Sie denn gemacht?!« »Was denn?!« hab ich ganz perplex geantwortet. »Hab' ich Ihnen vielleicht die Brieftasch'n gstohln?« »Das wär' ja noch harmlos«, haben meine Bekannten g'sagt, »aber wie können denn Sie zu einem bayrischen Film lauter Österreicher nehmen?!« – »Ich war ja froh, daß die Österreicher *mich* genommen haben!« hab' ich da geantwortet.

Wenn ich mir gewisse Heimatfilme ansehe, muß ich immer an meine erste eigene Filmfirma mit Karl Valentin denken. Damals ham wir uns als Atelier den Lagerraum einer Käsehandlung gemietet. Seit der Zeit scheint der Käse beim bayrischen Heimatfilm – aber diese Betrachtung würde zu weit führen.

Eins hätt' ich zum Schluß beinah vergessen: wenn Sie mich über meine persönlichen Heimatfilm-Empfindungen ausfragen, so ist meine persönlichste Empfindung die, daß ich für den Hofbräuhausfilm noch dreihundertdreizehn Mark und zwanzig Pfennig zu bekommen habe. Vielleicht krieg ich das Geld in zehn Jahren, wenn ich 1962 meinen nächsten Heimatfilm dreh ...

In »SZ im Bild« vom 7. Juni 1952

Liesl Karlstadt auf der Auerdult

Bei uns in München ist doch immer was los. Kaum war der Oktoberfestlärm verklungen, hat man am Viktualienmarkt die Gedenkbrunnen von Karl Valentin und Weiß Ferdel eingeweiht – und schon rührt sich wieder was, draußen am Mariahilfplatz. Die Auerdult hat begonnen. Wir Münchener gehen besonders gern naus auf die Dult, denn wir lieben den alten Geschirrmarkt – die kleinen Standerln und treffen uns jedes Jahr bei den Antiquitätenhändlern und Tandlern. Sie, die Tandler sind komische Leut, die gfalln mir, die halten sich nie an die Gegenwart! Da hab ich zum Beispiel einmal in der Zeit des Tausendjährigen Reiches auf der Dult in einer alten Kisten noch eine weiß-blaue Rautenfahne entdeckt. A Markl hats kost, voll Dreck wars, aber i habs heimtragn und gwaschen no – und heut kann ichs manchmal wieder brauchen.

Ich bin neugierig was i heuer draußen aufreiß! Morgen, Sonntagnachmittag zwischen 15 und 16 (also zwischen 3 und 4 Uhr), mach ich meinen obligaten Dultspaziergang.

Und wer mich draußen zuerst anspricht, bekommt von mir ein kleines Geschenk, das er sich selber aussuchen darf.

Ob es nun ein Haushaltartikel ist, oder ein schönes altes Bierkrügerl, vielleicht auch eine Vase, ein interessantes Buch, ein Album oder ein nettes Haferl, man kann sich's wünschen und auch wählen. Selbstverständlich muß sich der Wunsch in bescheidenen Grenzen bewegen (eine Stradivarigeige oder ein Barockschrank kommt natürlich nicht in Frage). Denn es soll ja nur ein kleines Andenken von mir sein – an die Auerdult ...

Beitrag zur »Klingenden Funkpost«, 24. Oktober 1953

»Verehrte AZ!...«

Verehrte AZ! Schreibt's doch endlich meinen Namen richtig! I hoaß Liesl mit »e«! I schreib' ja auch net Abndzeitung ohne »e«. Also mei »e« möcht' i ham! Zwar hat mich bereits König Ludwig III. auch schon falsch g'schrieb'n, als er mir einen Orden zum 100. Lazarettbesuch verlieh, ebenfalls Lisl und noch dazu mit einem langen »s«. Aber ich vermute, das is sein Schreiber gwen. Und was a König falsch macht, des braucht a demokratische Abendzeitung no lang net aa falsch machen! – Übrigens, an dem Orden hab' i mi net lang freu'n können. In der Revolution sagen so a paar Strizzi zu mir: »Tuast 'n runter, dein Preiselbeerorden, sonst miassat ma'n kassier'n!« Da hab' i'n halt runtertan! – Jetz', was sag' i no? Mei, i bin do kei so Mondäne, so a Monroe oder Genalolo Brigida, was Ihr alleweil mecht's! Für die meisten bin i halt die Mutter Brandl. Wie jetz' die Gisela geheiratet hat (in der Sendung, versteht sich), da hab' i so liabe Kart'n kriagt, zum Beispiel von der Renate aus Niederbayern, die hätt' glei bei mir als Haustochter eintret'n woll'n. Aber leider, im Haushalt kann ich keiner was lernen, ich bin ja viel zu häufig auswärts. – Übrigens, was habt's denn Ihr vorgestern für ein Bild von mir gebracht? Dees war greislich! Ich hab' nur gehofft, daß es der Herr Abt Hugo Lang net siecht. Die Sache war nämlich so: In einer Drehpause in »Familie Trapp«, wo ich die Novizenmeisterin Raphaela spiele, hat mi mei Nas'n gjuckt und da bin i mit der Hand hingfahrn, das wird man ja noch tun dürfen. Ich war im Benediktinerornat, meine erste ganz ernste Rolle, die mich übrigens sehr gefreut hat, und macht doch gleich der Standphotograph Filipp einen Schnappschuß! Ich denk' mir nix weiter, und am nächsten Tag seh ich das Bild in der Abendzeitung – verheerend!

Beitrag für die Filmspalte der »Abendzeitung«

Briefe, Postkarten, Gedichte

Weihnachtsgedicht für Karl Valentin

Christ-Abend anno 1918.

Zu dem heutgen Weihnachtsfeste
wünsch ich Dir das Allerbeste
u. weil ich stets für Dich such
fand ich dies Altmünchner Buch
lief hinein gleich in den Laden
sprach: Das muss mein Vale haben
u. vor Freude schnipp & schnapp
kaufte ich's dem Händler ab.
Denn der Vale wird gleich milder
sieht er so Altmünchner Bilder
»Schäfflerturm« u. »Isartor«
u. wie München war zuvor
»Kräutlmarkt« u. »Grüner Baum«
ist des Vale's Weihnachts-Traum
nur mit'n »Jägerwirth« o Graus
schaut's in Büchern sehr schlecht aus
nirgends gibt's von ihm a Schrift
woasst wia mi dös furchtbar gift
& drum Vale sei zufrieden
mit dem Buch das Dir beschieden
u. bleib auch im Neuen Jahr
mir so treu, wie ich stets war
u. denk gern an jedem Ort
an das alte »Münchner Wort«
lieber treu zusammen sterben
als in Untreue verderben.

W.
München

An Familie Ebenböck

Berlin, 2. Weihnachtsfeiertag 29

Liebe u. verehrte Familie Ebenböck!

Entschuldigen Sie bitte, wenn ich mit Blei schreibe, aber ich sitze in der Garderobe des Kabaretts u. schreibe in der Zwischenpause. Wir haben die Feiertage 6 Vorstellungen. Nachmittag- Abends- u. Nachtvorstellung. Die 4. Vorstellung ist nun glücklich überstanden. Sie ersehen also dass wir hier in Berlin Akkordarbeiter geworden sind. Wenn auch der Erfolg künstlerisch und finanziell ein grosser ist, so sind wir doch froh, wenn wir unsere lieben Frauentürme wieder sehen können. Mitte Januar kommen wir nachhause.

Wir haben zum 1. male Weihnachten in der Fremde gefeiert, u. dabei war die grösste Überraschung das Ebenböck Christkindl aus der Heimat. Sie haben uns mit den vielen schönen herrlichen Sachen eine ganz grosse Weihnachtsfreude gemacht, u. wir danken herzlichst dafür. Es schmeckt so ganz nach der Heimat, Kletzenbrot, Marzipan u. Lebkuchen, ohne preussischen Beigeschmack!

Also nochmals unseren innigsten Dank nachträglich noch die besten Weihnachtswünsche u. zugleich ein recht frohes, gesundes, glückliches Neujahr Ihnen Allen
von Ihren 2 Münchner Kindln

Liesl Karlstadt
Karl Valentin

Geburtstagsgedicht für Karl Valentin

München, 4. Juni 1932

Dem Geburtstagskinde!

Geburtstag feiern kann ein jeder
ob er jetzt gscheit is oder blöder
ob er ein Jude oder Christ
wenn er nur blos »*geboren*« ist.
Und alle Jahr gibts gleiche Bluma
und Wünsche, die von Herzen kuma
man merkts gar nicht, s'ist wunderbar
auf oamal ist man 50 Jahr.
Und wie einmal das Leben ist
genau so gehts beim Humorist
wenn 49 überschritten
vom Hunderter hat er die Mitten.
Hat man sich soweit durchgepirscht
da gibt's dann koane Extrawürscht
wenn man auch s'gratuliern net mag
da geht's net anders an dem Tag
Auch Du mein lieber Valentin
merkst schon an meiner Rede Sinn
dass i zum gratulieren kumm
i machs ganz kurz – es is glei numm.
Also:
Nachdem zur Tatsach worden ist
dass Du heut 50 Jahr alt bist
kommt mir als Deiner Partnerin
das grosse Glück erst in den Sinn
dass wir nun volle 20 Jahr
als Kameraden treu und wahr
so Seit an Seite durften gehen
um stark im Daseinskampf zu stehen.
Du weisst, es war nicht immer leicht
bis wir den Höhepunkt erreicht

es gab oft Tage drückend schwer
ich wünsche sie zurück nicht mehr;
doch wollen heute wir nicht klagen
und s' Leben, wie es ist, schön tragen
solange es uns noch »geschenkt«
das ist's – was man nicht g'nug bedenkt.
Drum schnall jetzt Deinen 50ger Muckl
mit lachendem Gesicht am Buckl
und gehe stark und schnurgerad
die 2. Hälfte Lebenspfad. –
Und ich geh wieder mit als Freund
doch nicht nur wenn die Sonne scheint
nein – wenns auch wettert, tobt und schütt
– i bring dann schon an Regnschirm mit.
Und führt der Weg auch steil hinan
und jammerst Du, stosst übrall an
bedenk – net anders werds durch's Fluacha
ma muass sich halt an Umweg suacha.
Gerade – Du – erkoren bist
zu einem »Sonderhumorist«
die Welt liegt lachend Dir zu Füssen
warum sollst Du nicht mitgeniessen?
Jetzt liegts an Dir, wie Du es treibst
ob weiter Du – ein »Wuisler« bleibst
oder voll Mut und Zuversicht
übst Deine Humoristenpflicht.
Ich drücke Dir, wenn's ist erlaubt
den Lorbeer auf Dein »komisch« Haupt
und ruf mit zuversicht'gem Sinn
»Ein Dreifach Hoch dem Valentin«!!!

     München 4. Juni 1932

     Gewidmet von Deiner
       Partnerin
      Liesl Karlstadt

Namenstagsgedicht für die Frau Oberin
[Vermutlich zwischen April und Dezember 1935]

Ich bitte um Silentium,
damit jetzt *ich* zum reden kumm;
ich spreche nicht von ungefähr,
Nein – Frl. Wellano schickt mich her,
die Sonntags oft spielt Klarinett',
sonst – liegt sie immer noch im Bett,
und weil sie trägt *kein* Schwesternkleid,
soll *ich* für sie nun sprechen heut' :
ich bitte, – hört mir alle zu
und seid schön stad u. gebt a Ruh!!!
Wenn kräht der Hahn in aller Früh,
wird's munter in der Psychatrie;
die braven Schwestern stehen auf
und eilen zur Kapelle 'rauf
mit schwarzem Kleid und weissem Latz,
da nehmen sie im Betstuhl Platz,
in erster Reih' als Königin
da kniet die gute Oberin.
Und alles ist dann Aug und Ohr,
wenn die Frau Oberin betet vor,
und hört man da so zu von fern,
man fühlt's: – der Herrgott hat sie gern,
in's Herz geschlossen hat er's halt,
drum bleibt's so jung, – wird niemals alt,
läuft wie ein Wiesel hin und her,
als ob sie 20 Jahr alt wär;
denn in des Tages langem Lauf
rennt sie treppab – rennt sie treppauf,
man findet sie an jedem Ort,
sie hat für jed'n a gut's Wort;
sie anzusehn ist wahre Freud, –
mit einem Wort – ein prachtvolls Leut',
so gütig – lustig, voll Humor,
man kommt sich selbst recht minder vor,
schaut man in's Aug der edlen Frau,

da merkt man es so ganz genau,
Gott-Vater hat es *wohl* bedacht
und sie zur Oberin gemacht,
hat ihr ein blaues Schürzlein geben
u. lässt sie lange, lange leben
zur Freude ihrer Schwestern all,
– das merkt man auch beim Mittagsmahl
im Refektorium da oben
ist stets die Stimmung sehr gehoben
beim Essen – ohne Bier und Sekt
hei – wie es allen Schwestern schmeckt,
besonders heute – welche Frag'?
Frau Oberin hat Namenstag:
da gibt's kein Zaudern und Genieren,
wir alle wollen gratulieren
aus *einem* Herzen – *einem* Sinn
»Gott segne die Frau Oberin«!!!

An Gisela Fey
Fragment

Berlin 7. XII. 1935

Sehr geehrte Frau Valentin!

Wir sind nun gut in Berlin angekommen, bis auf die grosse Jammerei in der Bahn von Valentin.

Die ersten Tage waren *sehr schwer* hier, er wollte wieder heim u. schimpfte den ganzen Tag. Wollte auch gleich mit dem Direktor Schindler Krach machen u. sich mit den Filmleuten Engels zerkriegen, aber ich habe wieder alles geschlichtet. Nun habe ich auch gleich im Kabarett einen Vertrag für Januar abgeschlossen, das dürfte doch auch in Ihrem Sinne sein.

Er hat sich nun etwas eingewöhnt und ich sage ihm täglich, er soll *sparen*, u. nicht wieder das Geld so zum Fenster

[Seitenende; der Brief bricht hier ab]

An Karl Valentin

[Budapest] 1. Juni 1936

Lieber Valentin!

Jetzt habe ich 2 Tage Aufnahmen gehabt u. dabei ist es mir sehr gut gegangen. Also hätte ich keine so grosse Angst haben brauchen.
Pfingsten ist frei, ich bin seit 2 Tagen sehr viel mit der Sallocker zusammen, die kenne ich doch von München her.
Mit dem Schlafen geht es allerdings nicht recht gut – aber da kann man nichts machen.
Wie lange es noch dauert hier, weiss ich nicht, aber ich glaube, ich werde bestimmt noch 6 Tage da bleiben müssen.
Gestern habe ich die Ilse Lange getroffen, heute kommt Lamac an, denn wenn wir fertig sind, geht der ins Atelier.
Soeben habe ich den Lamac getroffen, beim Essen. Einen schönen Gruss. Auch habe ich eben Deinen Brief bekommen, besten Dank dafür, weisst Du, den langen, wo dir die Hände gezittert haben beim Schreiben.
Heute bin ich furchtbar erkältet, es regnet in Strömen, ich habe Katarrh u. Halsweh.
Meine Oberlehrerscene ist sehr gut geworden, die haben alle sehr gelacht. Meine Maske hat ihnen ausgezeichnet gefallen.
Heute Abend gehe ich zum Wiesenthal ins Theater.
Deinen Film «Erbschaft« hat Hohenberg noch nicht holen lassen am Zollamt, schreib ihm doch eine Karte ins Hotel Carlton, da wohnt er.

Bleib recht gesund u. viele liebe Grüsse für heute
Li

Das mit Hundeshagen ist ja gemein, wenn er das gesagt hat: Heute habe ich einen Brief von Engels bekommen, dass er die Aufnahme der Kurzfilme auf 14 Tage verschiebt.
Bis dahin bin ich längst zuhause. Gruss an »Maximhaserl« [?] *gschnappt* u. alles Gute

Li

An Karl Valentin

Berlin 20. x. 36

Jetzt 6 Uhr Abends in Berlin gut angekommen. Die Landung über der beleuchteten Stadt war unbeschreiblich schön.
  Magenweh hat aufgehört.

Gruss L.K.

Leni Riefenstahl war auch im Flugzeug

An Karl Valentin

[Berlin] 28. x. 36

Lb. Valentin!

Danke für Brief – endlich nach 5 Tagen qualvoller Schmerzen geht es allmählich besser. Tägl. Pfefferminz Griesmus – Haferschleim – nichts andres – aber das hilft. Heute fühl ich mich ganz wohl. Jetzt gehe ich zu Forstreuters, die kochen mir auch Griesmus.
                      Alles Gute u. viele Grüsse auch zuhause
                                          L. K.

Ich will nicht bei Wagner auftreten, sag es dem Lautenbacher – wo anders wenns wär – ja –!

An Karl Valentin

[Berlin] 29. x. 36

Lieber Valentin –

also etwas besser geht es jetzt wieder mit dem Magen. Gott sei Dank. Habe mit »Schneider Landeskulturfilm« gesprochen – die Tobis erklärte, der Film könnte unter keinen Umständen in München gedreht werden, Du müsstest nach Berlin kommen u. zwar Mitte November. Auch will die Tobis keine 3000.– M dafür bezahlen, du müsstest eine ganz andere Gagenforderung stellen, denn bei einem Kurzfilm käme das nicht heraus. Er erwartet nun weitere Nachricht von Dir. Entweder schreibst Du es mir, oder ihm selber.

Für mich ist keine Rolle drinnen, nur Männerrollen.

Viele Grüsse von Forstreuters u. Dr. Jira. Am Sonntag kommt Engels nach Berlin: Bin neugierig, was der spricht u. vor hat.

Ich ruhe mich recht schön aus u. das tut mir gut. Schreibe mir bald wieder.

Alles Gute u. viele Grüsse
Li K.

Grüsse auch die Alli schön.
Und den Bopsi!!!

Bitte sage dem *Lautenbacher*, dass mein 1. Auftreten in München doch nicht im Wagnersaal sein kann.

An Karl Valentin

[Berlin] 7. XI. 36

Bitte schicke mir *gleich* eine Postkarte von *Dir* und schreibe darauf: *Herrn Langhans gew. v. Karl Valentin* u. schicke sie im Kouvert ins Stefanie an *mich*. Das ist der Sekretär von Gründgens, der wünscht sich eine – u. Gründgens hat mir schon wieder 2 x Karten gegeben u. nächste Woche bekommst Du ein Bild von ihm u. ich auch. Magen hat wieder 1 Tag wehe getan – aber mit Griesmus geht's gleich wieder vorbei.

Heute gehts wieder gut.
L. K.

An Karl Valentin

Berlin [vermutlich] November 1936

Anbei schicke ich Dir auch den Brief vom Sekretär Gründgens – aber *bitte* schicke ihn mir *bestimmt* wieder *sofort* zurück nach Berlin. Forstreuter u. Berliner u. Markwitz-Badenhausen u. Jira lassen herzlich grüssen. Bei Schindler war ich *noch* nicht – will auch nicht, wegen der Olly!!! Hier ist immer schönes Wetter – ich reite schon ohne Lehrer im Tiergarten spazieren. Das ist herrlich. Die Mädeln vom Stephanie lassen grüssen, Du sollst bald wieder kommen. Also am Donnerstag bin ich neugierig, was Engels spricht.

Gegen Ende November komme ich nach München. Mir gefällt es sehr gut in Berlin, namentlich wenn mir nichts wehe tut. Schicke mir auch gleich Kritiken vom Film, wenn sie auch für mich schlecht sind, dann auch, das ist mir egal – denn die Münchner Kritiken sind meistens mau für mich. Darüber bin ich hinweg – Kritiker können mich am Arsch lecken. Und schreibe mir, wie es Dir gesundheitlich geht, das möchte ich wissen.

Hat Ferry nochmal geschrieben? Und was wollen wir in der Scala spielen? Ha? Hoffentlich kommt bald ein Film. Für heute viele Grüsse und alles Gute

Deine getreue Partnerin
Liesl Karlstadt

Was macht Bopsi?

An Karl Valentin
Fragment

[Berlin] 16. XI. 1936

Lieber Valentin! Soeben Deinen Brief erhalten. Freue mich, dass unser Film so gut ist – ich habe ihn noch nicht gesehen. Engels ist nun seit 3 Tagen in Berlin. Mit ihr war ich schon beisammen, aber sie weiss nichts – ich habe gesagt, ich muss ihn sprechen, ich will doch wissen, was er vorhat – aber ich kann ihn erst am Donnerstag sprechen – er hat so viel zu tun, sagt sie. Von Deinem Brief sag ich gar nichts, wir werden natürlich sehen, dass wir diesmal eine ganz andere Gage bekommen. Kilchert ist in Berlin – aber ich weiss nicht, wo er wohnt.

Der Film kommt hier noch nicht raus – aber ich will solange warten.

Wegen diesem Sauhund Otto Tänzer Werkmeister werde ich schauen, ob er noch dort wohnt, dann scheiss ich ihm vor die Türe u. ziehe Russenstiefel an dazu.

Mir geht es gut. War zwar wieder 1 Tag sehr krank – habe gemeint, ich krieg Blinddarm- oder Bauchfellentzündung, solche Schmerzen, wollte beinahe ins Krankenhaus gehen – aber nun ist wieder alles vorbei –.

Ich schlafe täglich Mittag 2 Stunden, abends zwischen 5 – 7 wieder 2 Stunden u. von 11 Uhr nachts bis 9 Uhr früh ununterbrochen (alles *ohne* Schlafmittel). Das ist doch fein. Angst habe ich *gar* nicht mehr – vor gar nichts – mag kommen, was da wolle – man muss alles mitmachen. In 3 Tagen bekommst Du Gründgens' Bild. Habe viel schönes Theater gesehen. Und bei Carow war ich – (Sailer Alois Nr. 2) – habe nicht einmal geschmunzelt – entsetzlich wars!!! Ich habe mich auch gar nicht bemerkbar gemacht – es war so voll zum bersten (40 Pf. Eintritt – nur Kraft durch Freude). Nie wieder – Duisberg will uns haben, Du sollst mir oder ihm schreiben, in welchem Monat wir in die Scala wollen! Also schreibe, wie Du meinst.

[Schluß bzw. zweites Blatt fehlt]

An Karl Valentin

[Berlin] 11. 1. 1937

Lieber Valentin – wie geht es Dir – bist Du gesund? Mir geht es mit dem Magen sehr gut – aber die Stimmung ist nicht besonders – bin irgendwie sehr bedrückt u. traurig – werde auch bald wieder nachhause fahren.

Habe auch hier nicht die ausgleichende Ruhe gefunden, aber es wird schon wieder werden. War schon 2 x beim Reiten – aber ist es sehr kalt, da ist auch dieses Vergnügen nicht sehr schön.

Weisst Du schon, dass Fritz Wiesenthal gestorben ist – in der Sylvesternacht hat ihn der Schlag getroffen. Seine Frau hat mir geschrieben. Mir ist dies auch etwas nachgegangen. Sonst ist alles beim alten.

Alle vom Stephanie lassen Dich schön grüssen; das Hotel ist verkauft, kommt am 15. Jan. der neue Besitzer. Ich glaube, mir geht das Arbeiten ab – ich wäre so froh, wenn wir bald einen Film hätten.

Hoffe, dass es Dir gut geht u. auf baldiges Wiedersehen
 herzlichst
L. K.

An Karl Valentin

[Wegscheid bei Lenggries] Dienstag 13. VII. 37

Wir sind gut angekommen u. wohnen bei Ostler. Telephon gibt es nur in der Wirtschaft – dort würden sie mich holen wenn notwendig. Die Nummer ist: Wegscheid bei Lenggries, öffentliche Telefonstelle, also nur so durch das Amt erreichbar. Solltest du einmal anrufen, dann bitte nicht vor 7 Uhr Abend. Es geht mir soweit ganz gut.
Viele Grüsse
L. K.

An Karl Valentin

[Wegscheid bei Lenggries] Freitag 16. VII. 37

Lb. Valentin –

also ich frette mich so durch hier. D. h. ich bin schon ganz braun gebrannt von der Sonne u. esse jetzt viel mehr. Das Schlafen geht allerdings noch nicht besser – kann noch nicht weniger Schlafmittel nehmen. Manchmal bin ich sehr traurig – aber ich komme schon um den Tag herum. Die Ostlers sind nette Bauersleute u. es ist ganz still hier. Dr. Badenhausen geht oft mit uns spazieren. Es gefällt mir vorläufig noch ganz gut. Und was muss ich blos alles einnehmen – mich wunderts, dass der Magen nicht kaputt geht dabei. Aber ich muss halt denken wie der Pettenkofer: drein schicken.

Wie geht es dir? Wie ists bei Benz? Und was macht das Filmen?

Hat Engels schon geschrieben. Wirds was mit der Arya? Und ist Bopsi gesund?

Schreibe mir doch ein paar Zeilen.

Bleibe gesund – d. h. gesünder wie ich – u. sei herzlichst gegrüsst
von L. K.

An Karl Valentin

4. VI. 1942

Zum 60. Geburtstag gratuliere ich und wünsche Dir alles alles Gute – Gesundheit und viele schöne Jahre. Möge Dir alles in Erfüllung gehen, was Du Dir selber wünschst!

Deine Partnerin
Liesl Karlstadt

An Joseph Rankl

München, den 23. 2. 47

Mein lieber Rankl!

Soeben war Ihre Tochter da und das Geheimnis mit dem Päckchen ist nun endlich geklärt. Es ist natürlich eine Valentiniade, wir mussten herzlich darüber lachen. Also kurz bevor Ihre Tochter das Päckchen brachte, habe ich mit Valentin telefoniert und er sagte mir, er will mir einige Keks und etwas Maggi hereinschicken. Also einige Tage später kam das Päckchen und da wir gewöhnt sind, dass Valentin nichts dazu schreibt, nahmen wir es als selbstverständlich an, dass es von ihm ist. Wir bedankten uns dafür und anstatt dass er uns mitgeteilt hätte, dass er *gar nichts geschickt hat, unterliess er dies*. Gell lieber Rankl, das wäre ein gar lustiger Sketsch geworden. Ihre Tochter beschrieb uns die Schachtel und es hat uns so leid getan, dass Sie wegen uns eine solche Lauferei hatte, also bitte entschuldigt halt.

Es ist nur gut, dass Sie Valentin und seine Vergesslichkeit wissen.

Auch für den Brief vom 12. 2. 47 sagen wir herzlichen Dank, den Brief Ihrer Tochter legen wir bei. Vielleicht sehen wir uns, wenn Sie und Ihre liebe Frau nach München kommen, aber da wird Ihre Zeit sehr bemessen sein, wenn Sie nur einen Tag in München sind.

Wenigstens ist es nicht so kalt die letzten Tage. Mir geht es leider noch nicht besser. Also seid für heute recht herzlich gegrüsst und nichts für ungut von Euren beiden Münchner Kindl

Liesl Karlstadt
u. Amalie Wellano

Wir sagen nachträglich noch unseren herzlichsten Dank für das Päckchen u. bitten um Entschuldigung, dass wir Eurer Tochter unrecht taten.

AN JOSEPH RANKL

[München] 16. Juni 1948

Lieber lieber Rankl!

Längst wollte ich Ihnen für Ihre lieben Zeilen danken – aber ich stehe mitten in den Proben zu dem neuen Stück o. k. Mama im Volkstheater.
Gesundheitlich gehts nur langsam vorwärts – aber man darf die Hoffnung nicht verlieren.
Die Premiere im Volkstheater ist am 23 Juni. Vertrag habe ich bis *Ende September* – inzwischen sind aber Theaterferien, wahrscheinlich ab 10. August. Sie wissen lieber Rankl, wie gerne ich zu Ihnen komme, u. wir müssen jetzt eben abwarten, wie die Zeit sich gestaltet – hier ist alles in grösster Aufregung wegen der Währungsreform – auch ich.
Ja, Sturm im Wasserglas könnte man freilich spielen, wenn Ihr das Stück richtig besetzen könnt. Ihre beigelegten Kritiken interessierten mich sehr u. ich gratuliere Ihnen zu dem grossen Erfolg. Ich freue mich so Rankl, dass es Ihnen in Füssen gut geht u. Sie auch Theaterbeziehungen wieder haben. Danke Ihnen auch für die frdl. Einladung in Ihrem schönen Heim.
Ich glaube, wir müssen wirklich abwarten – um einen festen Plan fassen zu können. Meinen Sie nicht auch? Wir wollen aber unter allen Umständen in Verbindung bleiben. Mein Gastspiel in der Kl. Komödie ging am 20. Mai zu Ende. Und seit der Zeit probe ich jetzt. Pongratz spielt meinen Mann – ich habe ihm von Ihnen erzählt u. von Füssen. Lobinger war mal bei uns, der will eine Leihbibliothek eröffnen.
Haben Sie Sturm im Wasserglas am Radio gehört am 26. Mai? Die Aufnahmen werden jetzt immer Nachts im Funk gemacht u. dauern bis 4 Uhr früh.
Ich lege Ihnen heute das versprochene Kouplet: Münchner Kritik bei – vielleicht schreiben Sie dasselbe gelegentlich für Sie ab.
Mit Michl Lang vom Rundfunk spielte ich einen Sketsch in den Deutschen Theatergaststätten: betitelt: Am Wirtschaftsamt. Ich

spielte eine Kramerin, er einen Kramer u. Rudolf Vogel den Beamten. Text von Michl Lang. Hat sehr gut gefallen, da er sehr aktuell ist.

Und nun lieber Rankl, nehmen Sie für heute meine herzlichsten Grüsse auch für Ihre liebe Gattin nebst Tochter u. auf ein Wiedersehen diesen Sommer hoffend, verbleibe ich immer

Ihre
Liesl Karlstadt

Meine Schwester dankt für die Grüsse u. Einladung sehr u. lässt herzlich grüssen.

An Joseph Rankl

München 18. Aug. 1948

Lieber Rankl!

Über Ihre nochmalige sehr herzliche Einladung habe ich mich wirklich gefreut – haben Sie besten Dank dafür. Leider waren wir nicht zuhause, als Herr Schaub den Brief überbrachte u. ihn deshalb einwerfen musste.

Dass Ihr so schöne Erfolge mit dem Theater habt, freut auch mich, ganz besonders für Sie lieber Rankl, da ich doch weiss, wie echt u. tief Ihre Liebe zum Theater geht.

Also weiterhin Toi toi toi!

Mein Plan ist momentan so: Am Samstag 21. August Abends 9 Uhr bin ich im Funk in »Rieglers Nudelbrett«. So könnte ich also am Sonntag den 22.8. Morgens wegfahren u. 10.^{48} in Füssen sein. Und da Sie liebenswürdiger Weise auch meine Schwester einluden, würden wir also beide kommen.

Vorausgesetzt, dass Ihre lb. Gattin auch wirklich u. wahrhaftig mit einverstanden ist u. Sie auch für 2 Leute Platz haben.

Sollten Sie u. Ihre Familie aber am Sonntag etwas vorhaben, so bitte lassen Sie sich nicht abhalten, dann vertreiben wir uns schon den Tag u. kommen gegen Abend zu Ihnen.

Sie sehen – wir sind frech und machen von Ihrer lieben Einladung Gebrauch – ausser Sie müssten uns noch aus irgend einem Grunde absagen, dann bitten wir noch um kurzen Bescheid.

Sonst freuen wir uns auf einige Erholungstage in Füssen bei Ihnen u. Ihren Lieben u. grüssen Sie Alle bis zum Wiedersehen auf das Beste u. Herzlichste

immer Ihre
Liesl Karlstadt m/ Schwester

Besten Dank Herrn Schaub für die Übermittlung, mit Grüssen an die beiden Herrschaften.

An Joseph Rankl und Frau

München 6. Sept. 1948

Lieber guter Rankl! Beste Frau Rankl!

Habe erst den Spielplan abgewartet – soeben erhielt ich denselben u. schreibe auch gleich an Sie.

Wir sind gut nachhause gekommen, aber unsere Gedanken weilen immer noch im »Schlaraffenland«. Ja das war es im wahrsten Sinn des Wortes – so unendlich viel Liebes u. Gutes habt Ihr uns getan u. durch die Fürsorge, die Sie und besonders Ihre liebe Frau uns angedeihen liessen, waren die Füssener Tage für uns »Goldene Ferien«. Im Netzchen fanden wir noch den wunderbaren Reiseproviant vor, den uns Frau Rankl noch mit auf den Weg gab u. wir müssen immer wieder betonen, dass Vater u. Mutter nicht mehr für ihre Kinder tun können, als was Sie beide uns taten.

Wie schön wars doch wirklich bei Euch in Eurem gemütlichen Kreise – in Eurem Schlafzimmer u.s.w.

Abgesehen von den schönen Bergtouren u. Wanderungen, die wir mitsammen erleben durften.

Wir sind gross in Eurer Schuld u. sagen Euch innigen Dank für Eure Gastfreundschaft.

Am Samstag war die Veranstaltung in der Hirschau – das Wetter war schön, wie es bei einem Sommerfest sein soll u. unser Sketch gefiel sehr gut.

Morgen habe ich Umbesetzungsprobe für o.k. Mama.

Angesetzt ist das Stück: Freitag 10. Sept. u. Sonntag 12. Sept.

Lege Ihnen hier gleich den Spielzettel bei. Herrn Buckwitz habe ich noch nicht sprechen können, aber ich hoffe mit Bestimmtheit, dass Herr List-Diehl bereits Antwort auf sein Schreiben hat.

Nun müssen wir halt abwarten, bis die ersten Vorstellungen uns ein bestimmtes Bild ergeben.

Den Spielplan für die weiteren 8 Tage bekomme ich erst wieder kommenden Sonntag, ich werde Ihnen gleich davon Kenntnis geben – ausser Sie kommen bis dahin selbst. Jedenfalls freuen wir uns sehr auf ein Wiedersehen.

Was machen die Faustproben? Gehts gut? Und wie war die Premiere von Gespenster?

Ich wünsche Ihnen u. dem ganzen Füssner Kurtheater ein toi toi toi weiterhin u. freue mich über die saubere Aufführung von Fuhrmann Henschel, in der »mein« Rankl so überzeugend den »Hauffe« spielte.

Und nun freuen wir uns auf ein Wiedersehen mit Ihnen Allen u. grüssen mit nochmaligem Dank für den Aufenthalt im »Paradiese« als Ihre Ihnen sehr verbundene

Liesl Karlstadt
m/ Schwester

Extra Gruss an »unsre« Tochter Traudi u. den Wespen-Lumpi, sowie alle lb. Bekannten in Füssen. Herr Lobing sendet liebe Grüsse.

An Frau Seidl

München 11. Sept. 1951

Geliebte Frau Seidl!

Durch meine Schwester höre ich soeben von Ihrem Wunsche. Und gleich will ich Ihnen den Text zukommen lassen, um Ihnen die Wartezeit zu ersparen.
 Hoffentlich gehts Ihnen gut. Ich war auf Tournee mit der Brummlgschichte »Der schwarze Einser«. Jeden Tag 2 Vorstellungen an verschiedenen Orten bis zu 40 km Entfernung.
 Und nun war ich 4 Tage in den Bergen, mit meiner lieben Schwester, das war heuer der erste Urlaub.
 Wann sehen wir uns wieder?
 Hoffe recht bald.
 Für heute viel liebe Grüsse auch von meiner Schwester

Ihre getreue
Liesl Karlstadt

Übrigens Ihr grün gestreiftes Säckchen, das Sie mir in der Kl. Komödie schenkten, war mit auf dem Brünnstein.

An Joseph Rankl

[München] 14. X. 1951

Mein lieber Rankl!

Herzlichen Dank für Ihre lieben Zeilen – besonders aber für die 2 ausgezeichneten Abschriften – bitte darüber auch nie mit Michl Lang sprechen, gell!
   Ja und diese prompte schnelle Bedienung – grossartig!
   Ja leider war Ihr Besuch viel zu kurz. Möchte gerne, dass Füssen nicht so weit weg wäre, so dass man sich wenigstens alle 4 Wochen einmal sehen könnte: Habe schon mit dem Filmen begonnen, gestern waren wir zu Aussenaufnahmen in Wiessee. Eine schöne Zusammenarbeit mit Siegfried Breuer.
   Heute Sonntag trete ich im Zirkus Krone auf, lege Ihnen das neueste Programm gleich bei. Und dann habe ich übrige doppelte Ausschnitte, die ich hier mitschicke. Vielleicht können Sie's brauchen. Herzlichen Dank lieber Rankl und – recht gute Besserung, gell!
   Grüssen Sie die lb. Frau u. unser Traudl u. vergessen Sie nicht Ihre

Liesl Karlstadt
mit Schwester

An Joseph Rankl

[München] 25. Aug. 1952

Mein lieber Rankl!

Dank schön für die Kritikübersendung. Was soll man dazu sagen? Jedenfalls wars interessant für mich.

Der Mann hat leider keine Ahnung von den heutigen Nöten unseres Berufes! Macht nichts!

Ja leider waren wir so kurz nur beisammen – aber ein paar schöne Stunden waren es doch, gell. Anbei das versprochene Foto – hab leider kein anderes im Moment aber – »besser is doch wie gar nichts«.

Gestern war ich in Siegsdorf u. Reit im Winkel.

Vor 14 Tagen habe ich im Zoo das Nilpferdbaby auf meinen Namen getauft. Jetzt heissts Liesl.

Herr Engelhard, der einmal mit meiner Schwester bei Euch war, ist bereits in Kanada. Er lässt Sie grüssen – ebenso Lobing, der eine gutgehende Leihbücherei am Rotkreuzplatz hat.

Hoffentlich gehts Euch 2 gut u. wie geht es der Traudi?

Seid Alle herzlichst gegrüsst mit den besten Wünschen

Eure
Liesl Karlstadt –
m/ Schwester Alli

An Joseph Rankl und Frau

[München] 8. Aug. 1954

Liebe, gute Rankls!

Wir danken Ihnen vielmals für Ihren ausführlichen Brief vom 16. Juli und haben daraus ersehen, was Sie alles in der Zwischenzeit durchmachen mussten. Wie leid tut uns dies, aber es ist nun mal so – – die Flüchtlinge werden immer bevorzugt, das ist auch hier so!

Besonders freuen wir uns, dass es Ihrer lieben Frau nach der schwierigen Operation nunmehr wieder zufriedenstellend geht, und wir wünschen ihr von Herzen weiterhin alles Gute, damit sie sich wieder ganz erholt.

Ich habe in den letzten Monaten nicht nur im Residenz-Theater (Das Konzert) sondern auch im Gärtner-Theater (Operette »Abschiedswalzer«) gespielt und war mit den Proben ziemlich in Anspruch genommen. In Wörishofen war ich zur notwendig gewordenen Kur – leider war es zu kurz, aber ich war auch damit zufrieden und habe mich ganz gut erholt. In diesem Monat bin ich im »Deutschen Theater« in einem lustigen Bilderbogen »Lachendes München«. Ich lege ein Programm bei, aus dem alles Wissenswerte zu ersehen ist.

Dass »Feuerwerk« verfilmt worden ist, werden Sie ja in der Presse gelesen haben, aber es wird noch einige Wochen dauern, bis der Film zusammengestellt ist.

Im September habe ich im »Fernsehfunk« mit den Proben zu tun, da im Oktober die Produktion einsetzt.

Blädel hat die Grüsse von Ihnen getreulich bestellt und ich habe mich sehr gefreut darüber. – –

Nachdem das Wetter sich gebessert hat, hoffen wir zuversichtlich, dass auch wieder nach Füssen die Fremden gekommen sind und damit auch Ihre geschäftliche Lage sich besserte.

Wie oft denken wir an die schönen Tage, die wir in der schweren Zeit als Gast in Ihrem Hause verbrachten – – Sie und Ihre liebe Frau waren so aufmerksam und das vergisst man nicht.

Auch wir möchten wünschen, dass man sich gegenseitig einmal wieder sieht – – vielleicht führt Sie Ihr Weg doch über kurz oder lang nach München und dann freuen wir uns auf Ihren Besuch.

Nehmen Sie für heute unser beider recht herzliche Grüsse entgegen und seien Sie versichert, dass auch unsere guten Wünsche weiterhin bei Ihnen sind.

Gute Zeit für Sie und Ihre liebe Frau

Ihre
Liesl Karlstadt

An Amalie Wellano

[München] 13. v. 56

Geliebte Alli! Heute Sonntag hab ich auf 1 Atosil 12 Stunden geschlafen. Samstag ging ich damit um 9 Uhr ins Bett, heute 11.^{00} aufgestanden, dann rief Hofi an vom Büro aus – die 3 kamen dann auf ½ Stunde zu mir. Dann kam Dr. Wolf mit Auto u. wir fuhren an den Ammersee u. jetzt bin ich wieder zurück, es ist ½ 7 Abends. Er war in Altötting, hat gebeichtet u. kommuniziert dort, er sieht gut aus. Hat sich sehr gefreut über Deinen Gruss. Er u. Fr. Kahnschlag lassen Dich herzlich grüssen. Auch Fam. Hofi. Morgen Montag hab ich Probe bei Olf. Fange gleich zu lernen an. Heute heizte ich ein, weils so kalt ist. Und wie gehts Dir – wenn Du Dich wohl fühlst in Meran, dann bleibe noch dort, gell! Heute gehe ich noch in die Maiandacht. Grüsse mir Frau Mathes herzlichst, wie lange bleibt sie wohl dort? Ich habe mir auch etwas in Frankfurt gekauft. Uhren Winkler rief ich gleich an, ich trete bei ihm auf 7. Juli u. 26. Mai bei General Kleinschroth. 23. Innsbruck. 20. Kongress Saal.

Alles ist in Ordnung, mir gehts gut, kannst ganz beruhigt sein.

Sei recht vernünftig u. faul schone Dich u. schlafe Dich gesund. Es umarmt Dich herzlichst

Deine
Liesl

An Sigi Sommer

Wien, Heute im September 1956

Geliebter Sigi Sommer!

Bin filmender Weise in Wien. In dem Film: »Das Konzert v. H. Bahr«. Und nun dank ich Dir endlich herzlichst für Dein unvergleichliches Buch »Meine 99 Bräute«.
   Ich habs mitgenommen hieher u. schon so viel gelacht.
   Es entbehrt jeder Verlogenheit u. strotzt gerade vor Wahrheit.
   Ich bedaure nur, dass Karl Valentin, der doch auch ein Vorstadtkind war, dieses Buch nicht mehr erlebte. Auch er hätte seine helle Freud damit g'habt.
   Hier schick ich Dir die 100ste. Braut aus Wien, die Dir nicht auskommen kann, weils hinten vergittert ist.
   Ich bin kein Prophet – aber so ehrlich wie Du kann keiner schreiben und drum wirds ein Erfolg – Toi toi toi! Dies wünscht Dir – – –
Mit nochmaligem Dank u. herzlichen Grüssen

Deine
Liesl Karlstadt

Das *e* im Siegi hab i mit Pfleiss net gmacht – weil Du mir mein *e* in Liesl aa allaweil unterschlagst.

An Erika Mann

[Ehrwald] 26. VII. 60

Liebe Frau Erika! Nun habe ich endlich Ihr Häuschen von innen gesehen u. ich bin *mehr* als begeistert. Ich gratuliere. Den oberen Platz kann ich mir auch schon gut vorstellen u. ich bin überzeugt, dass Magnus auch das *richtig* hinkriegen wird u. wir alle uns öfters zwecks Gaudi mit Ihnen treffen. Zu schade, dass ich Sie jetzt nicht hier angetroffen, ich hoffe aber auf bald u. bleibe mit herzlichen Grüssen

Ihre Liesl Karlstadt

Vom Fräulein Liserl zur Frau Brandl

Nachwort

Vom Fräulein Liserl zur Frau Brandl

Meinem komischen Partner & Patienten Karl Valentin in nie versagender Geduld gewidmet von Liesl Karlstadt
Beruf: Nervenärztin
Nebenbeschäftigung: Komikerin
München 19. April 1932.

Liesl Karlstadt schrieb diese vielsagenden Zeilen auf ein Porträtfoto, das sie mit Bubikopf und leichtem Lächeln überm weißem Blusenkragen, recht seriös und sozusagen privat, in keiner ihrer vielen Masken zeigt.[1] Bis zum Beginn ihres Urlaubs am 13. April waren Karl Valentin und sie im Varieté Kolosseum aufgetreten, seit Januar 1932 in einer neuen Originalkomödie, deren Titel nach ein paar Wochen von »Er und Sie« zu »Sie und Er« umgestellt wurde, und zuletzt in ihrem Dauererfolg »Das Clown-Duett oder die verrückten Notenständer«. Den Urlaub verbrachte Liesl Karlstadt mit ihrer Schwester Amalie am Gardasee und in Venedig; noch vor der Abreise muss sie dem daheim gebliebenen Valentin ihr Bild mit Widmung geschenkt haben. Der bedankte sich mit fast täglichen Postkarten an die »Städt. Urlauberin« und »Comikerin aD«, zu deren Rückkehr aus Italien er Anfang Mai ziemlich weitreichende Vorkehrungen ankündigte: »Karlsthor – Isarthor – Sendlingerthor. Siegesthor, Salvator alles ist schon dekoriert. [...] Sämtlichen Leberkäs und Weißwürste habe ich schon vernichten lassen. In deiner Wohnung befinden sich bereits 3000 Zentner Spagetti und Polenta.«[2]

Die »Firma Valentin – Karlstadt«, wie Valentin die Partnerschaft nicht unzutreffend nannte, stand 1932 relativ gut da, trotz der Weltwirtschaftskrise mit dramatischen Folgen auch für die Unterhaltungsbranche. Wo das Komikerpaar auftrat, waren die Kabaretts und Theater ausverkauft. Valentin, der am 4. Juni 1932 seinen 50. Geburtstag feierte, und die zehn Jahre jüngere Karlstadt gehörten zu den Stars unter den deutschsprachigen Komikern der Zwanziger Jahre, sie verlangten und erhielten die höchsten Gagen und waren bei den Intellektuellen und prominenten Künstlern genauso beliebt wie beim breiten Publikum. »Du weisst, es war nicht immer leicht / bis wir den Höhepunkt erreicht«, schrieb Karlstadt »*Dem Geburtstagskinde*« zum Fünfzigsten ins Gratulationsgedicht und schenkte ihm einen Ring mit einem Lapislazulistein. Warum er den Ring dann doch nicht lange am Finger trug, erzählte sie später in einer der zahlreichen Anekdoten über ihren *ewigen Partner Karl Valentin*.

Es ist mittlerweile bekannt, dass die Beziehung zwischen Liesl Karlstadt und Karl Valentin auf der Bühne wie im Leben wesentlich komplizierter war, als beide nach außen dringen ließen, vielleicht auch problematischer als sie selbst sich zeitweise eingestehen mochten. Nach zwei Jahrzehnten fast symbiotischer Zusammenarbeit und gemeinsamer Komiker-Karriere, in der Valentins Ruhm den ihren freilich zunehmend überstrahlte, versuchte Karlstadt, auf dem zitierten »Höhepunkt« angelangt, aus seinem Schatten heraus und eigenständig neben ihn zu treten. Gewiss nicht als Autorin, doch als Schauspielerin, deren Wandlungsfähigkeit und Rollenvirtuosität im Zusammenspiel mit dem Improvisationsgenie Valentin längst erwiesen war und die außerdem im Unterschied zu ihm auch fremde Rollentexte sprechen konnte und wollte. Genau zwei Tage nach ihrem 38. Geburtstag, am 14. Dezember 1930, stand sie zum ersten Mal als Schauspielerin ohne Valentin auf der Bühne der Münchner Kammerspiele – als Nachfolgerin von Therese Giehse in der Rolle der Frau Vogl in Bruno Franks Komödie »Sturm im Wasserglas«. Der Beifall war groß, die Kritik begeistert. Obwohl das Spiel mit Valentin unvermindert weiterlief und Karlstadts Einzelengagements auch fortan nur sporadisch und sozusagen »nebenbei« stattfanden, markierte ihre »kernbayrisch« und mit »wahrhaft goldenem Münchner Herz« (Wilhelm Hausenstein) gestaltete Rolle der Frau Vogl einen neuen Abschnitt in ihrer Biographie. Gelang es ihr doch langfristig, sich zusätzlich zur Partnerschaft mit Karl Valentin so etwas wie ein zweites »Standbein« als Volksschauspielerin zu schaffen.

In dem Zeitungsinterview, das Liesl Karlstadt im März 1929 der Süddeutschen Sonntagspost für die Reihe »*Münchner Porträts*« gab, berichtete sie vom Beginn ihrer Bühnenlaufbahn bei den Volkssängern, wo sie »im Blütenalter von achtzehn Jahren« als *Kameliendame* geglänzt hatte. Den Theaterzettel von damals hat sie aufgehoben: »Am Glück vorbei« hieß das umgedichtete Drama bei Chr. Kippers 1. Münchener Possen-, Sing- und Schauspielensemble, mit dem sie in verschiedenen Wirtschaften und Bierkellern »ambulant« – wie man das damals nannte – auftrat. Zwei *Selbsterlebnisse* aus diesen Anfängerjahren bei verschiedenen Volkssängertruppen schrieb sie später nieder, vielleicht für ein niemals realisiertes Buchprojekt mit Karl Valentin.[3] In »*Unser Agent*« verschläft ein fetter Künstleragent den Auftritt, zu dem er angereist war, und fällt dann auch noch von der Weinterrasse, in »*Müller und sein Kind*« – dieses Rührstück von Ernst Raupach war übrigens Valentins lebenslanges Lieblingsdrama – geht es um eine Theateraufführung mit Hindernissen.

»Frl. Liserl Wellano« steht in ihrem ersten Bühnenkontrakt vom 6. Mai 1911 (mit Adalbert Meier und seiner Dachauer Bauernkapelle) und *als Elisabeth Wellano* ist Liesl Karlstadt am 12.12.1892 in München auch geboren worden. Die Eltern kamen aus Niederbayern. Der Vater war ein schlecht bezahlter Bäcker; ein Versuch der Mutter mit einem Milchladen auf der Schwanthalerhöhe dazu zu verdienen, scheiterte. Liesl Karlstadt hat die ungeheuer beengten Verhältnisse, in denen sie aufwuchs, in ihren späteren Interviews wohl meistens geschönt. Die wenigen erhaltenen Dokumente deuten auf eine typische Unterschichtskindheit um die Jahrhundertwende.

Nach den üblichen sieben Jahren Volksschule musste die gescheite Dreizehnjährige, die »lauter Einser« im Entlasszeugnis hatte, eine Lehre als Textilverkäuferin anfangen. Unmittelbar davor ist wohl ihr *Landaufenthalt* beim Dorfpfarrer in Riedering bei Rosenheim einzuordnen, von dem sie in dem hier erstmals vollständig veröffentlichten »*Aufsatzheft für Elsa Wellano*« erzählt. Das nachträglich auf 1906 datierte Heft ist wahrscheinlich für die Sonntagsschule geschrieben, die alle Jugendlichen nach der Volksschule noch drei Jahre lang besuchen mussten. Auffällig ist in allen fünf Aufsätzen die Genauigkeit und Detailfreude, der ausgesprochene Sinn fürs Konkrete schon bei der Schülerin, der sich später auch in der Skizze »*Wo hans'n*« [Wo sind sie denn?] zeigt und da nun als der scharfe, geschulte Blick der Schauspielerin für charakteristische, komische und insbesondere darstellerisch umsetzbare Einzelheiten in Mimik und Körpersprache.

Man kann beim Lesen der Schulaufsätze aber auch eine Grundgestimmtheit bemerken, die lebenslang in der Person Liesl Karlstadts wiederkehren sollte: eine eigentümliche Denk- und Gemütsbewegung der Art, dass nach einem optimistisch schwungvollen Beginn sich zunehmend Bedenklichkeiten, Einwände, Skrupel einstellen, die ungetrübte Freude also nicht lange anhält, dass die Widrigkeiten aber schließlich überwunden werden und sich durchaus in einer

»zünftigen« Situation »zwecks Gaudi« oder eben in einer komischen Rolle auflösen können. Und wahrscheinlich ist es nicht verkehrt, in einer solchen Weltsicht neben der Melancholie auch eine Portion früh erworbener unsentimentaler Realistik zu vermuten – eine weibliche Realistik, die nachdrücklicher aufs Pragmatische gerichtet war, als die Wolkenkuckucksheimer Hirngespinste Karl Valentins, an deren Verwirklichung sie sich aber kameradschaftlich (fast) immer – manchmal gegen besseres Wissen – nach Kräften und nicht ohne Gewinn- und Verlustrechnungen beteiligte.

In den Schulaufsätzen ist jedenfalls bei allen schön und brav-naiv geschilderten Ferienfreuden stets ein »aber« mitgedacht und hingeschrieben, sind – exemplarisch im Aufsatz über den *Sommer* – mit geradezu lustvollem, ja schadenfrohem Eifer neben manchen Freuden die vielen Tücken der Sommerfrische beschrieben.

Ganz genau lässt sich heute nicht mehr feststellen, wann und wie Liesl Karlstadts Bühnenlaufbahn wirklich begann. Sie selbst erzählte gerne die Geschichte vom Bamberger Hof, wo sie mit solcher Begeisterung und Hingabe einer Münchner Volkssänger-Truppe mit dem schönen Namen »Schnackl Franz« zugehört habe, dass deren Direktor sie aus dem Publikum heraus anwarb und engagierte (»*Alte Münchnerinnen*«). Siebzehn wollte sie damals gewesen sein. Mit achtzehn kündigte sie jedenfalls im Kaufhaus Tietz und wurde hauptberuflich Brettlkünstlerin – mit einer Gage, die 90 Mark im Monat und damit das Doppelte von dem betrug, was sie vorher als Verkäuferin verdient hatte. Ihre umgehende Entdeckung durch einen klapperdürren rothaarigen Starkomiker namens Karl Valentin, der sie zum Komischen »bekehrte« und zu seiner Partnerin machte, dessen Geliebte sie wurde und von dem sie 1913 ihren Künstlernamen »Karlstadt« erhielt, ist Legende und in allen bisher erschienenen Karlstadt-Biographien mehr oder weniger ausführlich nachzulesen.[4]

Auf der Bühne ergänzten sich die Fähigkeiten von Karlstadt und Valentin nahezu perfekt. Während Valentin in seinen vielen Masken als genialer Selbst-Darsteller der eigenen Vertracktheit hervortrat, verschwand Karlstadt als sein variabler Gegenpol gleichsam in einer Vielzahl von Rollen. Ihre Verwandlungskunst erleichterte Valentin die Konzeption der Stücke. Szenen und Dialoge konnten nämlich auch deshalb immer wieder verändert werden, weil Karlstadt im Unterschied zu Valentin eben auf keinen bestimmten Rollentyp festgelegt war und jeden Typus mit immer gleicher Sicherheit darzustellen vermochte. So lag es bei ihr, in wechselnder Komplizen- oder Gegnerschaft zu Valentin ein je nach den Gegebenheiten der

Szenen variierendes Rollenumfeld zu gestalten. Damit war sie auch diejenige, die als Verwandlungsschauspielerin den Hauptanteil der fiktionalisierenden Arbeit leistete und auch in den Improvisationen die theatrale Fiktion wahrte. Das gelang ihr – besonders in ihren berühmten Hosenrollen – manchmal fast zu gut, wie sie in »*Valentin und ich*« erzählte.

Zu Recht ist in den letzten Jahren Liesl Karlstadts kreativer Anteil an dem oftmals allein Karl Valentin zugeschriebenen Werk hervorgehoben worden. Dass sie weit mehr war als bloß der künstlerische Wurmfortsatz des Ententräumers, steht inzwischen außer Zweifel. In ihren Händen lag nicht nur die praktische Arbeit bei jeder Inszenierung, sie war als mitimprovisierende und mitschreibende Partnerin auch an der Entstehung vieler Dialoge und Szenen schöpferisch beteiligt. Zu manchen Stücken und Szenen hat sie die Anregung gegeben, zu »*An Bord*« beispielsweise oder zum berühmten »*Firmling*«. Exakt messen lässt sich ihre Miturheberschaft im Nachhinein gewiss nicht mehr, doch könnten manche Texte so oder zumindest so ähnlich entstanden sein, wie dies Anton Kuh 1928 in einem Essay schilderte: »… Karl Valentin und Liesl Karlstadt, seine mitvergiftete, rührende Gesponsin in Melancholie und Heiterkeit, schrieben aus dem Gedächtnis eines ihrer improvisierten Stücke auf. Das tun sie immer, so nach der zweihundertsten Aufführung, wenn eine Sache ganz fest sitzt. Dann hocken sie sich wie Schulkinder in eine Ecke und legen den Text fest, den sie sich sozusagen ›ersprochen‹ haben. Es ist das seltsamste, genialste Dichtungsverfahren; statt, daß sie sich ›Rollen auf den Leib schreiben‹, lesen sie sie von ihrem Leib ab. Die zwei großen Mundart-Kinder in der Münchener Kaffeehausecke – eine Oase im schreibenden, wortmächtigen, verlegenden Deutschland. Hänsel und Gretel, in die Literatur verirrt. …«[5]

1950, zwei Jahre nach Valentins Tod, wurde in einem Verlagsvertrag Karlstadts Miturheberrecht an 25 größeren Stücken bestätigt; kleinere Szenen und Dialoge, bei denen Valentin in seinem Repertoireverzeichnis ihre Mitautorschaft angab, sind dabei nicht berücksichtigt. Generell steht sie als Verfasserin freilich an zweiter Stelle; Ausnahmen mit ihr an erster Stelle, Texte also, bei denen sie die Hauptautorin ist, sind nur die »*Warum, weshalb, wieso*« überschriebenen Zwischenansagen für eine Rundfunksendung am »Dienstag, den 7.7.42/17'15 bis 18'30 Uhr« (so die Angaben über der Titelzeile), die Valentin auch nicht in sein Repertoire aufnahm, und eine hier zum ersten Mal aus Liesl Karlstadts Nachlass veröffentlichte Szene »*Ja ja die Liebe!*« aus dem gemeinsamen Altmünchner

Stück »Das Brilliantfeuerwerk oder Ein Sonntag in der Rosenau«. Bei dem in dieser Form ebenfalls zum ersten Mal aus dem Nachlass veröffentlichten Vortrag der »*Frau Wirlberger*« handelt es sich um ein mit vielen Zusätzen von Liesl Karlstadts Hand versehenes Typoskript ohne Verfasserangabe. Es ist aber anzunehmen, dass die Textfassung von ihr stammt, freilich auf der Grundlage älterer Monologe von Valentin (»Quo vadis« und »Die Frau Funktionär«), der um 1918 extra für seine Partnerin eine Reihe von Original-Vorträgen geschrieben hat. Mit ihnen trat sie solo als »Frau Magistratsfunktionärin Huber« auf und hatte bei Publikum und Presse so großen Erfolg, dass im September 1919 auch ihre erste Schallplatte aufgenommen wurde.[6]

Einige wenige komische Vorträge und Szenen hat Liesl Karlstadt alleine verfasst. Am bekanntesten ist die 1940 auf Platte erschienene Blödsinn-Rede »*Verein ›Die Katzenfreunde‹*«, die ebenso wie ihre Dialoge »*Geschäfts-Heirat*« und »*Beim Augenarzt*« – letzterer nach einem »wahren Erlebnis« – in Valentins Repertoire aufgenommen wurde. Politisch zu riskant für die Einordnung ins Repertoire könnte dagegen ihr Vortrag über »*Die deutsche Laugenbretzel*« gewesen sein, eine Parodie auf Hitler-Reden, wie sie mit diesem Sujet vielleicht nur einer Bäckerstochter einfallen konnte.

Man weiß heute, dass Liesl Karlstadt weit weniger robust und belastbar war, als es die Beziehung mit Valentin und auch die auf ihn und seine geniale Hypochondrie fixierte Öffentlichkeit über Jahrzehnte hin ihr abforderten. Galt sie doch lange als die immer geduldige und ausgleichende Partnerin, von der man im wirklichen Leben erwartete, was sie auf der Bühne als Gegenpol Valentins ins gemeinsame Spiel brachte: gesunden Hausverstand, Handfestigkeit, Realitätssinn, Normalität. Kaum je wurde sie als sensible, verletzliche oder gar schwierige Frau wahrgenommen. Dabei fällt im Rückblick auf, wie eng verknäult zu Beginn der Nazizeit ihre Probleme waren: Einerseits wollte sie stärkere berufliche Unabhängigkeit und wohl auch die Lockerung ihrer engen inneren Bindung an den nicht immer ganz treuen Valentin; andererseits sprachen die allgemeine Wirtschaftsmisere und die bedrohlichen sozialen und politischen Verhältnisse dafür, unbedingt am sicheren Erreichten festzuhalten.

Liesl Karlstadt reagierte in dieser krisenhaft erfahrenen Lage, die durch ihren beträchtlichen finanziellen Verlust beim Fallieren von Valentins »Panoptikum« noch verstärkt wurde, mit einer schweren depressiven Erkrankung und einem Selbstmordversuch am 6.

April 1935. Das »*Namenstagsgedicht für die Frau Oberin*« entstand während des anschließenden Aufenthalts in der Psychiatrischen Klinik München von April bis Dezember 1935, den sie allerdings bereits im Herbst für Aufnahmen zu dem Film »Kirschen in Nachbars Garten« unterbrach. Während des Winterengagements am Berliner Kabarett der Komiker – der einzige erhaltene Brief Karlstadts an Valentins Ehefrau *Gisela Fey* stammt aus dieser Zeit – hatte sie einen Rückfall, stand jedoch ab Februar 1936 mit Valentin wieder vor der Filmkamera und drehte ohne ihn im Juni in Budapest für den Film »Mädchenpensionat«. Auch in den folgenden Jahren und Jahrzehnten kehrten die depressiven Phasen wieder; die Klinikaufenthalte zwischen Bühnenengagements, Film-, Rundfunk- und Plattenaufnahmen wiederholten sich. Eindrücke von ihrer Situation vermitteln eine Anzahl noch vorhandener *Karten und Briefe an Karl Valentin aus den Jahren* 1936 *und* 1937, die hier erstmals nahezu vollständig publiziert sind. Eine Porträtkarte mit Glückwünschen zu Valentins 60. Geburtstag am 4. 6. 1942 ist die letzte Karte, die von Karlstadts Hand aus der Korrespondenz mit Valentin noch erhalten ist. Dass die Korrespondenz weiter ging, belegen Valentins Briefe an sie bis 1947/48 und eine Eilnachricht an ihn vom 27. 11. 1944.

Unmittelbar nach Kriegsende, 1945 bis 1946, tourte Liesl Karlstadt mit dem Volkstheater. Im September 1947 trat sie nach siebenjähriger Pause wieder mit Karl Valentin auf, am 31. Januar 1948 im Kabarett »Bunter Würfel« zum letzten Mal. Karl Valentin starb am 9. Februar 1948 in Planegg.

Es ist schwierig, Liesl Karlstadts Befinden in diesen ersten Nachkriegsjahren von heute aus richtig einzuschätzen. Sicherlich war sie nach Valentins Tod tief bedrückt und zugleich in Sorge über ihre berufliche Zukunft. Sie muss Angst vor Armut gehabt und dabei befürchtet haben, als Partnerin Valentins so festgelegt zu sein, dass man ihr andere Aufgaben nicht mehr zutraute. Der »*Sorgen am Krankenbett*« betitelte Beitrag in der Süddeutschen Sonntagspost, aber auch ihre *Briefe an Joseph Rankl*, den alten Freund – Mitspieler in Karl Valentins Ensemble seit 1926 und als Bühnenmeister quasi ihre und Valentins »rechte Hand« – werfen Streiflichter auf ihre damalige Lage.

Eine wirkliche künstlerische Herausforderung bedeutete erst 1950/51 die Balbina in Marieluise Fleißers Komödie »Der starke Stamm« an den Münchner Kammerspielen. »Es war nicht leicht,« schrieb damals ein Kritiker, »die von Therese Giehse scharf gemeißelte Figur durch eine etwas leichtere, im Volksstückton gespielte

Darstellung zu ersetzen. Aber es gelang Liesl Karlstadt eine eigene Note zu finden« (Südpost, 6.12.1950).

Über ihren Rang als Volksschauspielerin waren sich die Theaterkritiker bald einig, wirklich populär machten sie aber erst ihre Rundfunk-Serien: die »Brummlgschichten« von Kurt Wilhelm und Olf Fischer mit Michl Lang als Partner und die am 3.1.1952 erstmals ausgestrahlte Sendereihe »Meisterhausfrau – Haushaltslehrling«, aus der nach 100 Folgen dann die »Familie Brandl« wurde, von Ernestine Koch und Emmi Heilmaier. Mehr noch als ihre Bühnenrollen bewirkten die Radioserien eine Image-Änderung Karlstadts. Aus der multifunktionalen Mit-Spielerin wurde ein Charakter, der ihr auch lebensgeschichtlich gut stand. Sie verkörperte nun den Typus der kompetenten und liebenswürdigen Hausfrau und Mutter aus dem kleinbürgerlichen Milieu, nach der resoluten und dabei komischen Frau Brumml mit noch größerem Erfolg die solide Frau Brandl (»*Verehrte AZ! ...*«).

Trotz der beruflichen Auslastung im Funk – dazu gehörten auch die Gastspielreisen mit den »Funkhumoristen« – und ab 1954 im Fernsehen nahm Liesl Karlstadt weiterhin kleinere Filmrollen und Werbeaufträge an. Als öffentliche Person gab sie Interviews in Presse und Radio; privat war sie eine liebenswürdige Briefschreiberin, die gegebenenfalls aber auch kein Blatt vor den Mund nahm.

Für September 1960 war unter dem Arbeitstitel »Der Alltag beginnt wieder« eine neue Folge der »Familie Brandl« geplant. Vorher fuhr sie mit ihrer Schwester in den Urlaub nach Garmisch-Partenkirchen. Am Dienstag, den 26. Juli 1960, machte Liesl Karlstadt einen Ausflug ins benachbarte Ehrwald in Tirol und besuchte den Komponisten Magnus Henning, der in dem – wie seinerzeit das Kabarett – »Pfeffermühle« genannten Häuschen Erika Manns wohnte. An die befreundete Erika Mann schrieb Liesl Karlstadt eine *Karte*, die laut Poststempel am 27. *Juli* 1960 in Ehrwald abgeschickt wurde. An diesem 27. Juli 1960 starb Liesl Karlstadt in Garmisch-Partenkirchen. Ihr Brunnen steht in München am Viktualienmarkt und kann tagtäglich besichtigt werden.

Monika Dimpfl

[1] Veröffentlicht in: Geschriebenes von und an Karl Valentin. Eine Materialiensammlung 1903 bis 1948. Hg. v. Erwin und Elisabeth Münz, München 1978, S. 168.

[2] Brief Valentin an Karlstadt, 2. 5. 1932. In: Karl Valentin: Sämtliche Werke in acht Bänden. Band 6: Briefe. Hg. v. Gerhard Gönner. München 1991, S. 51-52.

[3] Erwähnt von Karl Valentin in dem Artikel »Hans Reimann« [1930]. In: Karl Valentin: SW. Band 7: Autobiographisches und Vermischtes. Hg. v. Stefan Henze u. Andrea Heizmann in Zusammenarbeit mit Max Auer. München 1996, S. 357-358.

[4] Theo Rieger: Das Liesl Karlstadt Buch. München 1961.
Monika Dimpfl: Immer veränderlich. Liesl Karlstadt (1892 bis 1960). München 1996.
Gunna Wendt: Liesl Karlstadt. Ein Leben. München 1998.

[5] Abgedruckt in: Kurzer Rede langer Sinn. Texte von und über Karl Valentin. Hg. v. Helmut Bachmaier. München 1990, S. 341-344

[6] Zu hören auf der CD »Liesl Karlstadt – verrückte Märchen und komische Lieder. Aufnahmen von 1919-1955«. Trikont US-0285

Textnachweise

Der Band stellt erstmals eine Sammlung von Texten und Briefen Liesl Karlstadts aus den Jahren 1906 bis 1960 vor. Dabei wurden alle Texte und Briefe nach den herangezogenen Textzeugen wiedergegeben: die bereits publizierten Texte nach den angegebenen Druckvorlagen, die hier zum ersten Mal veröffentlichten Texte und Briefe nach den Typoskripten und handschriftlichen Manuskripten in den Archiven der Monacensia und des Valentin-Musäums. Abweichungen von der gegenwärtig geltenden Orthographie und Interpunktion wurden nur dort korrigiert, wo eindeutige Verschreibungen vorlagen, die das Textverständnis erschwerten. Zusätzliche Eingriffe durch die Herausgeberin sind durch eckige Klammern markiert.

Der Band will ein »Lesebuch« und keine historisch-kritische Ausgabe sein. Auf die Angabe von Varianten und einen Stellenkommentar wurde verzichtet. Erläuternde Hinweise zu den Texten und Briefen wurden nach Möglichkeit ins Nachwort integriert. Genauere Anmerkungen müssen späteren Ausgaben vorbehalten bleiben.

Aus dem Bestand der Monacensia, Literaturarchiv

Liesl Karlstadt: Aufsatzheft. Geschr. 1906 in Riedering. Darin: Das Frohnleichnamsfest in Riedering. Ein Besuch der Wallfahrtskirche in Neukirchen. Ein Ausflug nach Rosenheim! Der Sommer. Mein Landaufenthalt! 1 Heft mit 10 Bl. Hs.
L. K.: Müller und sein Kind. Erlebnis von 1913. 1 Bl. Typo., hs. Nachschr.
L. K.: Unser Agent. Selbsterlebtes, erzählt. 1 Bl. Typo.
L. K.: Wo hans's? Selbsterlebtes, erzählt. 1 Bl. Typo.
L. K.: Karl Valentin und ich. 2 Bl. Typo. u. Hs.
L. K.: Stürmische Bodenseefahrt. Archivtitel: Christi Himmelfahrt. [Ausz. aus e. Rundfunk-Ms.] 4 Bl. Typo. [Maschinenschr. vervielf.] m. hs. Korr.
L. K.: Zur Einweihung des Valentin-Brunnens am 18. Oktober 1953. Archivtitel: Liebe Valentin-Freunde! 1 Bl. Hs.
L. K. Die Frau Wirlberger. 4 Bl. Typo. m. hs. Einf.
L. K. und Karl Valentin: Ja ja die Liebe! Aus »Sonntag in der Rosenau«. 6 Bl. Typo.

L. K.: Alte Münchnerinnen. Interview. [Autobiogr. Erinnerungen] 4 Bl. Hs.
L. K.: Das alte Sendlinger Kirchlein. Aufsatz enthalten in der Münchner Zeitung vom 4.12.1922. 1 Bl. Typo.
L. K.: Karlstadt, Liesl am 12. Dezember geboren ... als Elisabeth Wellano! [Autobiogr.] 1 Bl. Typo.
L. K.: Liesl Karlstadt auf der Auerdult. Beitrag zur »Klingenden Funkpost«, 24.10.1953. 1 Bl. Typo. m. hs. Korr.
L. K.: Ich bitte um Silentium ... [Gedicht zum Namenstag d. Oberin in d. Psychiatrie] 2 Bl. Hs.
L. K.: 1 Brief an Käte Seidl [11.9.1951]
L. K.: 1 Karte an Amelie Wellano [13.5.1956]
L. K.: 1 Brief an Sigi Sommer [September 1956]
L. K.: 1 Karte an Erika Mann [26.7.1960]

Aus dem Bestand im Valentin-Musäum

L. K.: Valentin und ich. [Zeitschriftenartikel um 1929/30] In: Liesl Karlstadt-Album Nr. 1
L. K.: Die Biomalzbüchse. Archivtitel: Manuskript von Liesl Karlstadt. 2 Bl. Typo.
L. K.: Im Radio. Archivtitel: Manuskript von Liesl Karlstadt. 2 Bl. Typo.
L. K.: Christ-Abend anno 1918. [Weihnachtsgedicht für Karl Valentin]
L. K.: 1 Brief an Familie Ebenböck [26.12.1929]
L. K.: 5 Karten an Karl Valentin [20.10.1936; 28.10.1936; 7.11.1936; 16.7.1937; 13.7.1937]
L. K.: 5 Briefe an Karl Valentin [29.10.1936; 1.6.1936; vermutlich November 1936; 16.11.1936 (Fragment); 11.1.1937]
L. K.: 2 Briefe an Joseph Rankl [16.6.1948; 25.8.1952]
L. K.: 2 Briefe an Joseph Rankl und Frau [6.9.1948; 8.8.1954]
L. K. und Amalie Wellano: Drei Briefe an Joseph Rankl [23.2.1947; 18.8.1948; 14.10.1951].

Publikationen

L. K.: Wie »Der Firmling« entstand. In: Karl Valentins Lachkabinett. Acht Stegreifkomödien. Hg. v. Gerhard Pallmann. München: Piper 1950, S. 83–84.
L. K.: »An Bord«. Liesl Karlstadt erzählt ein Erlebnis. In: Karl Valentins Lachkabinett. Acht Stegreifkomödien. Hg. v. Gerhard Pallmann. München: Piper 1950, S. 181–182.
Karl Valentin das Münchner Or[i]ginal. Zusammengestellt von Lisl Karlstadt. In: Karl Valentin: Sämtliche Werke, Bd. 7: Autobiographisches und

Vermischtes. Hg. v. Stefan Henze u. Andrea Heizmann in Zusammenarbeit m. Max Auer. München: Piper 1996, S. 128–152. Daraus: Vorwort, S. 128–130; Im Film-Atelier, S. 147; Nachwort, S. 152.

L. K.: Mein ewiger Partner Karl Valentin [= neuer Titel]. Einleitung in: Karl Kurt Wolter: Karl Valentin – privat. München – Köln: Verlag Günter Olzog 1958, S. 5–6.

L. K.: Die deutsche Laugenbretzel. In: Michael Schulte: Karl Valentin. Eine Biographie. Hamburg: Hoffmann und Campe 1982, S. 63.

L. K.: Verein »Die Katzenfreunde«. In: Karl Valentin: Sämtliche Werke, Ergänzungsband: Dokumente, Nachträge, Register. Hg. v. Manfred Faust u. Gerhard Gönner. München: Piper 1997, S. 87–88.

L. K.: Geschäfts-Heirat. In: Karl Valentin: Sämtliche Werke, Bd. 4: Dialoge. Hg. v. Manfred Faust u. Andreas Hohenadl. München: Piper 1996, S. 293–294.

L. K.: Beim Augenarzt. Wahres Erlebnis. In: Karl Valentin: Sämtliche Werke, Bd. 4: Dialoge. Hg. v. Manfred Faust u. Andreas Hohenadl. München: Piper 1996, S. 295–296.

L. K. und Karl Valentin: Warum, weshalb, wieso? Zwischenansagen. In: Karl Valentin: Sämtliche Werke, Ergänzungsband: Dokumente, Nachträge, Register. Hg. v. Manfred Faust u. Gerhard Gönner. München: Piper 1997, S. 96–101.

Irene Sack: Münchner Porträts. Liesl Karlstadt als »Kameliendame«. Ein Interview. In: Süddeutsche Sonntagspost Nr. 12, München, 24. März 1929, S. 4.

Slawik: Sorgen am Krankenbett. Die Sonntagspost bei Liesl Karlstadt. In: Süddeutsche Sonntagspost Nr. 4, München, 12. Februar 1949, S. 11.

L. K.: Ich und der Film. In: SZ im Bild Nr. 23, München, 7. Juni 1952.

L. K.: »Verehrte AZ! ...« [Beitrag für die Filmspalte der Abendzeitung] In: Theo Riegler: Das Liesl Karlstadt Buch. München: Süddeutscher Verlag 1961, S. 150.

L. K.: Dem Geburtstagskinde! [Gedicht zum 50. Geburtstag von Karl Valentin, 4. Juni 1932] In: Geschriebenes von und an Karl Valentin. Hg. v. Erwin u. Elisabeth Münz. München: Süddeutscher Verlag 1978, S. 169–172.

L. K.: Brief an Gisela Fey [7. 12. 1935; Fragment]. In: Geschriebenes von und an Karl Valentin. Hg. v. Erwin u. Elisabeth Münz. München: Süddeutscher Verlag 1978, S. 115.

L. K.: Zum 60. Geburtstag. [Karte 4. 6. 1942]. In: Geschriebenes von und an Karl Valentin. Hg. v. Erwin u. Elisabeth Münz. München: Süddeutscher Verlag 1978, S. 255.

Dichter und Literaten des 20. Jahrhunderts in der edition monacensia

Peter Paul Althaus
In der Traumstadt
Gedichte · Neuausgabe

Lena Christ
Lausdirndlgeschichten
Erzählungen · Neuausgabe

Oskar Maria Graf
Notizbuch des Provinzschriftstellers
Oskar Maria Graf 1932
Erlebnisse · Intimitäten · Meinungen
Neuausgabe

Ernst Hoferichter
Fünf Erdteile als Erlebnis
Reisebericht
Mit einem Vorwort von Christian Ude
Neuausgabe

Liesl Karlstadt
Nebenbeschäftigung: Komikerin
Texte und Briefe
Textauswahl und Nachwort
von Monika Dimpfl · Erstausgabe

Dichter und Literaten des 20. Jahrhunderts
in der edition monacensia

ANNETTE KOLB
Zarastro · Memento
Texte aus dem Exil
Mit einem Nachwort von Gabriele Förg · Neuausgabe

WILHELM LUKAS KRISTL
Das traurige und stolze Leben des Mathias Kneißl
Bayerns großer Kriminalfall
Neuausgabe

MARIETTA DI MONACO
Ich kam – ich geh
Reisebilder · Erinnerungen · Porträts
Mit Silhouetten von Ernst Moritz Engert
Neuausgabe

FRANZISKA ZU REVENTLOW
Ellen Olestjerne
Roman · Neuausgabe

KARL UDE
Schwabing von innen
Kulturelle Essays
Mit einem Vorwort von Christian Ude
Ausgewählt und kommentiert von Günther Gerstenberg
Erstausgabe